Emil Zschokke

Geschichte der Gesellschaft für vaterländische Kultur im Kanton

Aargau

Zur 50jährigen Gedenkfeier ihres Bestehens

Emil Zschokke

Geschichte der Gesellschaft für vaterländische Kultur im Kanton Aargau
Zur 50jährigen Gedenkfeier ihres Bestehens

ISBN/EAN: 9783743481633

Hergestellt in Europa, USA, Kanada, Australien, Japan

Cover: Foto ©ninafisch / pixelio.de

Manufactured and distributed by brebook publishing software
(www.brebook.com)

Emil Zschokke

Geschichte der Gesellschaft für vaterländische Kultur im Kanton Aargau

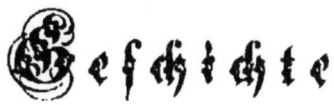

Geschichte

der

Gesellschaft für vaterländische Cultur

im

Kanton Aargau,

zur

50jährigen Gedenkfeier ihres Bestehens

im

Auftrage des leitenden Ausschusses in Aarau

verfaßt von

Emil Zschokke.

280

Aarau.

Druck von Heinrich Remigius Sauerländer.

1861.

Dem

Gedächtnisse des seligen Vaters

Heinrich Zschokke,

des ersten Stifters der Gesellschaft,

in dankbarer Liebe

geweiht.

Eine, wenn auch nur gedrängte Geschichte vom halbhundert=
jährigen Lebensgange der Aargauischen Culturgesellschaft bean=
sprucht ein tieferes und über die bloße Tagesneugierde hin=
ausgehendes Interesse. Wenige der Jetztlebenden kennen mehr
weder die Gründe ihres Entstehens noch den Zusammenhang
ihrer Bestrebungen und Arbeiten in so langer Zeit. Und doch
bürgt schon die Thatsache, daß vom Anfange an die edelsten
geistigen Kräfte des Kantons sich zur Lösung der Aufgabe dieser
Gesellschaft verbündeten, ja daß viele der Wägsten und Besten
im Lande mit nicht geringen Opfern an Zeit, Anstrengung und
Geld sich ihrem Dienste weihten, für die Größe des angestrebten
Ziels. Der Menschenfreund, wie selbst der Staatsmann und
Geschichtsforscher dürften darum Manches in diesen Aufzeich=
nungen finden, was von Bedeutung für sie ist. Denn bei Letz=
tern hat es schon längst bewährte Geltung, daß zur Kenntniß
der Geschichte eines Volkes nicht nur die Aufzählung der Ver=
fassungswechsel und Regierungsthaten gehört, sondern in weit
belehrenderer Weise noch die Einsicht in das innere stille Ent=
falten des Volksbewußtseins unter Friede und Sturm der Ge=
schicke. Die Darstellung vom Wirken eines Culturvereins, wie
der unserige ist, ergiebt nothwendig auch zugleich ein treues
Bild der Culturzustände des Volkes, unter dem er wirkte.
Hier tritt das Volk selbst in seiner angestammten gesunden
Kraft, wie mit allen seinen Fehlern und Irrungen, mit seinem
Frohmuth und Gottvertrauen, wie mit seinen geheimsten Leiden
vor das Auge des Beschauers. Wer in der Geschichte nur den
hervorragenden Ereignissen nachgeht, dem haften, wie einem
durch den Gau flüchtig Hinreisenden, auch nur die Umrißge=
stalten der Berge oder die Anmuth der Thäler, während ihm

die Hauptsache: der Mensch, seine Art und Sitte, sein Leben und Schaffen und das Werden seiner Geschichte ferne bleibt. — Freilich ist der Aargau in der Staatenkette Europa's ein nur kleines Glied; sein Gebiet umfaßt nicht mehr als etwas über 25 geographische Geviertmeilen; seine Bevölkerung betrug zur Zeit der Entstehung des Kantons im J. 1803 (Altaargau 66,888, Frickthal 19,494, freien Aemter und Grafschaft Baden 46,381 =) 132,763, und beträgt gegenwärtig nach der neuesten Zählung im December 1860 194,500 Seelen. Aber wer wird läugnen, daß jedes Studium, welches bis in das Einzelnste und Kleinste eingeht, gerade immer zu den größten Aufschlüssen für das menschliche Wissen führte? Und zudem liegt dieses Land nicht an den Außenenden der civilisirten Welt, sondern mitten im Herzen des Welttheils, an der großen Heerstraße zwischen dem Osten und Westen der Schweiz, und so jung auch noch der Kanton ist, so haben sein Volk und seine Staatsmänner doch nicht selten schon auf's wirksamste in den Gang der allgemeinen vaterländischen Geschichte eingegriffen.

Sodann halte ich dafür, daß jede gemeinnützige Thätigkeit, sofern sie mit redlichem Willen begonnen und trotz zahlreicher Schwierigkeiten Jahrzehnte lang muthig fortgeführt wird, besonders darum hoher Beachtung werth sei, weil sie immer einen hellen Lichtpunkt der Liebe in dieser Welt voll Selbstsucht, daß sie einen Beitrag zum Reiche Gottes auf Erden bildet. Andern zu helfen; ein Volk von einer niedern Stufe der Bildung zu einer höhern zu heben; seine Schäden zu heilen; seine Nothstände zu lindern, das ist ein wahrhaftes Christenwerk, auch wenn der christliche Name nicht vornean in den Statuten der Gesellschaft glänzt. So bleibe auch, was die Väter im Segen begonnen haben, den Kindern zum Dank und zur Nacheiferung aufbewahrt! Denn was wäre ein Volk, wenn sich nicht im alltäglichen Abmühen um die Güter der Scholle, oder ein Staat, wenn sich nicht in ihm unter der starren Herrschaft des Gesetzes eine idealere Richtung nach den höhern Zielen der Menschheit Bahn bräche? Wo das fehlt, da sinkt das Leben in knechtische Versumpfung und geistige Verwesung zurück, denn ein Stillestehen giebt es überhaupt nicht bei einer Nation; hier heißt es entweder vorwärts oder rückwärts, hinauf oder hinab! Vaterlandsliebe aber — und ich verstehe sie in ihrer heiligsten Bedeutung, als Liebe, die für das Beste eines Volkes lebt und strebt, ja sich, wenn es sein muß, dafür opfert; ich meine nicht jenen Stolz, der sich eitel nur im Ruhme der Altvordern bläht — Vaterlandsliebe allein kann dem Vaterlande seine höchste Freiheit erringen und, was noch weit schwerer ist, sie schützend erhalten. Mit der Vaterlandsliebe aber stammt die Gemeinnützigkeit als Zwillingsschwester aus Einem Blute. Wo Jene kämpft, verbindet Diese die Wunden; wo Jene mit eher= nem Pfluge aufreißt, legt Diese ihre Saaten in die Furchen; wo Jene das Haus baut, zieht Diese den grünen Weinstock darum. Für jedes Staatsleben, das wohl gedeihen soll, ist gemeinnützige Privatthätigkeit ganz unentbehrlich. Wohin das öffentliche Gesetz nicht reichen kann — und wie mannigfach sind solche Lücken! — da sorgt und hilft und rettet oft noch freund= liche Barmherzigkeit. Das Gesetz straft nur die verbrecherischen Folgen eines liederlichen Haushaltes: aber Jene lehrt Arbeiten und Sparen, damit das Haus aufblühe. Und wie so häufig geschieht es, daß sich aus dem Bedürfnisse der Gemeinden her= aus durch vereinten Fleiß Einzelner Verbesserungen entwickeln, die der Staat nimmer fordern dürfte, und die dann doch, wenn die neue Pflanzung erst in Laub und Blüthe steht, ihm selbst am meisten frommen. Gemeinnützige Vereine haben in neuerer Zeit das übernommen, was in älterer Zeit fast ausschließlich der Kirche zukam. Jetzt weht eine andere Luft; aber was da= mals geschah und heute geschieht, hat Beides seine geschichtliche Berechtigung, ja seine geschichtliche Nothwendigkeit.

Inwiefern dieser allgemein ausgesprochene Satz im Beson= dern für den Aargau seine Geltung hat, will ich jetzt mit wenigen Zügen darthun.

Der Kanton Aargau ist ein Kind der Neuzeit, ein Sohn jener Revolution, welche den gewaltsamen Bruch mit den feu=

dalen Anschauungen und Gewohnheiten eines abgelaufenen Weltalters vollzog. An ihm, als zusammengehörigen Staat betrachtet, ist Alles neu, mit Ausnahme fast nur des Namens, den er trägt. Denn „Ergäuw" hieß die große, schöne Landschaft vom Zusammenflusse der nordwärts rauschenden Alpenströme Aare, Limmath und Reuß, und von ihrer Einmündung in den Rhein an bis weit über die Grenzen des heutigen Kantons hinaus schon in jener Zeit, als die österreichischen Herzoge sie noch beherrschten. Deren Stammschloß steht einzig noch als verwitterter Denkstein längst erloschener Herrlichkeit dort auf dem Wülpelsberge mitten unter Korngefilden und Weinbergen, mitten in einem Kranze von nun wohlhabenden Städten und Dörfern, in einer ganz neuen Welt, die aus dem Schutte der Jahrhunderte emporblühte. Schon im Jahre 1415 schlug der österreichischen Herrschaft im größten Theil ihrer helvetischen Gebiete die letzte Stunde. Das Concilium von Constanz mahnte zu jener Zeit die Eidgenossen der acht alten Orte auf, sich des Besitzthums von Herzog Friedrich zu bemächtigen, weil derselbe noch treu zu dem von der Kirchenversammlung mit dem Banne belegten und vom Kaiser Sigismund geächteten Papst Johann XXIII. stand. Bern, länderbegierig wie kein anderer Ort, drang sofort mit Heeresgewalt in das fruchtbare Gelände ein und erbeutete es in kurzer Frist von der Wigger bis unterhalb Brugg, während die andern Sieben gemeinschaftlich die freien Aemter und die Grafschaft Baden sich unterthan machten. Einzig das Frickthal blieb, vom Bergwall des Jura geschützt, bis zu Anfang unseres Jahrhunderts österreichisches Besitzthum. So ward der alte Aargau zerrissen in drei Stücke und blieb es 388 Jahre lang, Jedes unter anderer Herrschaft, Jedes unter andern Einflüssen der Gesetzgebung, der Sitte, und seit der Reformation auch eines andern Kirchenglaubens. Was nur immer die Geschichte verschiedenartig gestalten konnte, geschah hier. Das aargauische Bernergebiet, „meinen gnädigen Herrn" untergeben, kirchlich von dem kalten Ernste des Calvinismus beherrscht, erfreute sich eines zumal in den letzten

Jahrhunderten geförderten materiellen Wohlstandes; der Aargau war die Kornkammer Berns; aber sein geistiges Emporstreben ward nur so weit gestattet, als es das Interesse der gebietenden Stadt zuließ. Die Schule der Landschaft stand unter Vormundschaft und im Dienste der Kirche. Bern hatte zwar schon im Jahre 1675 für die deutsche Landschaft eine Schulordnung erlassen, die dann im Jahre 1720 revidirt wurde; allein der Unterricht war meist nur trockener Mechanismus und ging nicht über das Nothdürftigste hinaus. Einzig die vier Municipalstädtchen Zofingen, Aarau, Lenzburg und Brugg behielten auch nach der Eroberung ihre seit uralter Zeit erworbenen Freiheiten bei. Hier bestanden schon früh Lateinschulen, aus denen manche namhafte Gelehrte, besonders Geistliche hervorgingen, während den Bürgern dieser Städte alle höhern militärischen und politischen Stellen der Republik gänzlich verschlossen blieben. Auch die Fabrikation und Industrie begann an diesen Orten schon in hoffnungsreichen Anfängen zu blühen. — Die freien Aemter und die ehemalige Grafschaft Baden mit den ehemals bischöflich-constanzischen Aemtern Kaiserstuhl, Klingnau und Zurzach zählten zu den sogenannten gemeinen Herrschaften. Sie waren anfänglich nur von den sechs Orten Zürich, Luzern, Schwyz, Unterwalden, Zug und Glarus beherrscht; später, im Jahre 1539, kam auch Uri zur Mitregierung, und noch später, nach dem blutigen Siege bei Villmergen im Jahre 1712, noch Bern. Die Orte wechselten in der Regierung durch Landvögte ab, die sie nach bestimmter Kehrordnung in die obern und untern freien Aemter und in die Grafschaft Baden für je zwei Jahre sandten. Diese gemeinen Herrschaften waren die Stiefkinder der alten Eidgenossenschaft, denen, während ihre Oberherrn vor Europa mit alter Schweizerfreiheit und Wilhelm Tell prahlten, kaum ein Schatten bürgerlicher Rechte zugestanden ward. Sie hingen von den Launen der oligarchischen Machthaber ab; die Cultur des Landes blieb vernachlässigt, Gewerbe und Handel fast todt danieder liegen. Dagegen waren die Klöster und zumal die großen Abteien Muri und Wettingen hortreich. Außerdem gediehen noch die größern Ortschaften und Städte zu einigem Wohlstand, Baden durch seine vielbesuchten Heilquellen, Zurzach durch seine Messen; in Bremgarten blühten vielfach schon Handwerke und Bildung. Für das Schulwesen des Landvolks bestanden noch gar keine obrigkeitlichen Verfügungen; nur einzelne Pfarrer oder Kapläne sammelten da und dort aus freier Liebe Schüler um sich, die dann aber nur so lange den Unterricht besuchten, als sie selbst oder ihre Aeltern Lust dazu fühlten. Wenn einzelne Landvögte aus Wohlwollen Besseres anbahnten, ward es oft wieder durch den weithin sich erstreckenden mönchischen Einfluß der Klöster im Keime erstickt. Eine streng katholische Kirchlichkeit durchdrang alle Verhältnisse bis auf ihre innersten Lebenswurzeln; aber während der Protestantismus im Bernergebiet die dortige Bevölkerung tief und ernst stimmte, so fand man hier eine freie, heitere Beweglichkeit, genährt durch die zahlreichen kirchlichen Festtage und die Volksspiele an Kirchweih und Fastnacht. — Das Frickthal endlich, welches mit dem Breisgau zu den sogenannten österreichischen Vorlanden gehörte, theilte im Allgemeinen die Geschicke der Staaten, über welche der Doppeladler seine Fittige spannte. Es erfuhr also ebenso die feindlichen Angriffe und Verwüstungen, welche während des dreißigjährigen Kriegs und zur Zeit Ludwig XIV. gegen Oesterreich gerichtet waren, als die Segnungen einer milden Gesetzgebung und namentlich der freisinnigen Fortschritte in Kirche und Schule unter Maria Theresia und ihrem großen Sohne Joseph II. Im Jahre 1774 stellte jene Kaiserin eine allgemeine Schulordnung auf, die dann von Joseph später noch erweitert wurde. Der Katholicismus war und blieb zwar auch im Frickthale Staatsreligion, allein in lichterer Gestalt als in den freien Aemtern, denn Klöster bestanden hier keine mehr, welche dem Erwachen des Volksgeistes hindernd entgegengetreten wären. Ja selbst gewisse bürgerliche Freiheiten finden wir hier, in der Monarchie, schon in höherem Maße vorhanden, als in den von Republikanern, zumal von der steifen und staatsklugen Aristokratie Berns regierten Landestheilen. Aus uralter Zeit hatte sich das Institut der Landstände erhalten in dreifacher Gliederung, nämlich des Standes der Prälaten, wozu auch das Chorherrnstift in Rheinfelden und das Damenstift in Olsberg ihre Abgeordneten sandten, des Ritterstandes und des Standes der Städte und Landschaften. Diesen Landständen, die sich jährlich einmal zu Freiburg versammelten, kam zwar keine gesetzgebende Gewalt zu, aber doch manches für das gemeine Beste ersprießliche Recht der Verwaltung.

Das war der allgemeine Zustand der drei Länder bis zum Jahre 1798, in welchem sie der Sturm der Revolution überraschte, der nun plötzlich alle bisherigen Verhältnisse zerriß und die Völkerschaften aus langer politischer Stumpfheit weckte. Durch die helvetische Staatsverfassung ward aus dem bernerschen Antheil ein Kanton Aargau und aus den freien Aemtern, Baden und Zurzach ein Kanton Baden geschaffen, Verwaltungsbezirke der einen und untheilbaren Republik mit Freiheit und Gleichheit aller Bürger. Doch diese Neugestaltung dauerte nur kurze Zeit. Die fünf Jahre der Helvetik waren unter dem Drucke der fränkischen Gewalthaber mit so schweren Prüfungen erfüllt, wie kein anderer Zeitraum der Schweizergeschichte je vorher und nachher. Hader der gährenden Partheien, Aufruhr und blutige Unterdrückung, Erpressungen und Unbill aller Art zerwühlten und erschütterten das Land und, das Maß seiner Leiden voll zu machen, wurde es im Jahre 1799 zum Schauplatz erbitterter Schlachten zwischen fremden Armeen. Die obersten Behörden selbst standen meist machtlos in Mitte aller dieser Wirrsale und ein wiederholter Wechsel der Verfassung wie der Centralregierung trug nicht dazu bei, deren Ansehen beim Volke zu mehren. Als endlich (im August 1802) die französischen Besatzungen die Schweiz unerwartet plötzlich räumten, erhob sich maßloser denn je der Geist der Zwietracht in den helvetischen Gauen. Die Parthei der Unitarier, der Freunde der Einheitsregierung, und der Föderalisten, welche die Rückkehr zu den alten Zuständen vor 1798 betrieben,

rangen mit einander um die oberste Macht. Vor einem an=
bringenden Laubsturm der Föderalisten floh die Regierung der
Schweiz von Bern nach Lausanne, während zu Schwyz als Gegen=
regierung eine Tagsatzung der innern Kantone zusammentrat.
In diesem Augenblicke allgemeiner Auflösung erscholl plötzlich
ein mächtiges Halt von Frankreich her. Napoleon Bonaparte,
damals erster Consul der fränkischen Republik, erklärte: „Ich
will der Vermittler Eures Zwistes sein!" Er berief im Jahre
1803 Abgeordnete aller Landestheile der Schweiz als Consulta zu
sich nach St. Cloud. Zu dieser Versammlung sandten nicht nur
die Kantone Aargau und Baden ihre Stellvertreter, sondern auf
des Consuls Befehl auch das Frickthal, das erst wenige Jahre
zuvor, im Frieden von Campo Formio, von seinem Stamm=
lande abgerissen worden war. Als der Consul die Stimmführer
Helvetiens vernommen, dictirte er ihnen als Gesetz die Media=
tionsverfassung, worin als neue Schöpfung der Kanton
Aargau, eine Verschmelzung der beiden bisherigen Kantone
Aargau und Baden mit dem Frickthale, wie sie gegenwärtig
noch besteht, aufgeführt erschien.

Die Welt und am meisten die davon betroffenen drei Völker=
schaften hörten mit Ueberraschung den Ausspruch des Macht=
habers, der das Ungleichartigste willkürlich zu einem Staate
zusammenband. Fremd und mißtrauisch, unter verschiedenen
Sceptern aufgewachsen, standen sie sich gegenüber; nur durch
die mütterliche Erde und die gemeinsame Sprache aneinander
geknüpft. Es bestanden nicht einmal überall fahrbare Straßen
aus einem Gebiete in's andere; es bestand kein gegenseitiger
Verkehr, keine gemeinschaftlichen Anstalten und Cassen; dagegen
eine bunte Verschiedenheit von Allem, wodurch Völkerschaften
weit von einander gelegener Länder sich sonst unterscheiden.
Die Aufgabe für die neue Regierung, diese Menschen und Ver=
hältnisse unter Einer Staatsordnung zu verbinden und zu befreun=
den, war daher unendlich schwer; ja sie wäre vielleicht unmög=
lich geworden, wenn nicht die Erleuchteteren im Volke selbst,
Anfangs der Nothwendigkeit gehorchend, dann aber mit wachsen=

der, begeisterter Liebe für den schönen Kanton, Hand geboten hätten, das Werk auszuführen. Und hier ist es vor Allem die Culturgesellschaft, welche sich eine unverwelkliche Bürgerkrone erwarb. Denn nicht nur regte sie zuerst die Ideen der gegenseitigen Hülfeleistung und eines Zusammenwirkens zu gemeinnützigen Zwecken an — rein menschliche Ideen, welche die Geister mächtiger als keine sonst vereinen können — sondern sie führte auch die Getrennten persönlich zu nicht bloß amtlicher, sondern zu freundschaftlicher Berührung zusammen. Die Tage von Schinznach namentlich, mit ihrem sich Sehen und Kennenlernen und Wiedersehen, mit ihren geistbelebten Verhandlungen, mit ihren fröhlichen Mahlzeiten und Toasten und Liedern — sie wurden das Rütli des Aargau's, wo die drei Länder zu treuer Minne Hand in Hand in einander schlugen.

Allein auch die Arbeiten der Gesellschaft selbst trugen nicht wenig zum Gedeihen des jugendlichen Staates bei. Daß die Regierung von Anfang an nicht nach allen Seiten mit gleicher schöpferischer Thätigkeit hinwirken konnte, erklärt sich aus dem Ueberdrang der Geschäfte; genug, wenn vorerst nur das Haus in seinen nothwendigsten Grundlagen bestellt werden konnte. Es fehlte auch noch so sehr an gewiegten, einheimischen Staatsmännern, daß man außer zu den Wenigen, die sich in der kurzen Zeit der Helvetik dazu herangebildet hatten, noch vielfach zu aus andern Kantonen Herbeigezogenen, ja selbst zu Ausländern Zuflucht nehmen mußte. Hier that also wieder Noth, daß wirksame Privatthätigkeit für Manches eintrat, das sonst der allgemeinen Wohlfahrt verloren gegangen wäre. Selbst dann, als nach Jahrzehnten die Staatsbehörden mit reiferer Erfahrung ausgestattet, mehr Zeit und Mittel fanden, durch gesetzliche Verfügung Wohlthätigkeitsanstalten zu gründen, selbst dann blieb fortwährend die Culturgesellschaft ein Bedürfniß des Kantons: denn Privatgemeinnützigkeit kann sich auch im bestverwalteten Staate niemals überleben. Im Aargau blieben manche schlimme Reste der ehemaligen Unterthanenverhältnisse durch die Macht eingewurzelter Gewohnheit noch lange als ab-

gedorrte Auswüchse am grünen Lebensbaume zurück, wenn schon
die Frühlingssonne daneben frische Sprossen des Bessern zahl=
reich hervorgetrieben hatte. Eine weise Gesetzgebung vermag
Viel; allein das Volksbeste muß, zumal in einer Republik, aus
dem Volke selbst kommen. Ja die neue Zeit, je reicher sie sich
zu höherer Civilisation entfaltete, brachte eben durch diese Ent=
wicklung eine immer mannigfaltigere, immer größer schwellende
Zahl von Anforderungen und — wer wird es läugnen? — auch
eine Menge von neuen Gebrechen mit sich. Es nimmt darum
die Aufgabe des Schaffens und Helfens und Heilens in treuer
Volksliebe kein Ende. So wenig, als wir den Gründern unserer
Gesellschaft zurufen können: Ihr habt uns Nichts mehr zu thun
übrig gelassen! so wenig werden es unsere Enkel gegen uns
thun können und wenn wir auch noch so unermüdlich den Acker
bebauen, den uns die Väter zum Erbe gelassen.

Wenn das die Mission der Culturgesellschaft im Aargau
war und ist und fortwährend bleibt, so laßt uns nun getrost
einen Blick auf ihre bisherigen Leistungen werfen. Man er=
warte nicht in diesen Gedenkblättern eine fortlaufende Reihe
von lauter glänzenden Thaten zu finden. Vieles gelang zwar
hoffnungsreich; aber auch Manches mißlang und Anderes blieb
so geringfügig, daß es kaum des Erwähnens werth erscheint.
Das Culturstreben besteht in Kämpfen, in einem langen Feld=
zug gegen schwer zu überwindende Vorurtheile und gegen Selbst=
sucht. Der Gesellschaft standen auch beim besten Willen, Gutes
zu wirken, nicht immer die Mittel zu Gebote, es auszuführen.
Die Summen, die sie bedurfte, konnten nicht aus altererbten,
reichen Cassen genommen, sondern mußten aus den freiwilligen
Spenden der Wohlthätigkeit oft mühsam zusammengebracht wer=
den. Der Aargau ist zudem nicht einer der reichsten Kantone
der Schweiz und die fröhlichsten Geber waren nicht immer die
Vermöglichsten im Lande — sehr ehrenvolle Ausnahmen abge=
rechnet — sondern meist Bürger des Mittelstandes. Auch ver=
dient wohl beachtet zu werden, daß hier im Aargau keine alt=
herrliche Centralstadt b.steht, in der sich seit Jahrhunderten

Schätze der Wissenschaft, Kunst, des Gewerbfleißes und Ruhmes angesammelt hätten, und von wo aus die gemeinnützige Thätigkeit um so reicher wieder ausstrahlen konnte. Man erwarte daher nicht, so außerordentlichen Erfolgen zu begegnen, wie sie ähnliche Vereine in Zürich, Basel, Genf und an andern Orten des Vaterlandes aufweisen. Allein die Wirksamkeit der Culturgesellschaft besteht auch nicht bloß in thatsächlichen Stiftungen aller Art, sondern ebenso sehr darin, daß sie durch ihr Wort einem edlern Gemeinsinne Bahn brach und daß sie eine Masse von Ideen weckte, welche mit bewegender Kraft in's Leben eingriffen. Die Besprechungen über Fragen des Armen- und Volksbildungswesens und der Industrie zogen sich oft durch Jahre, durch Jahrzehnte fort; wurden oft wieder fallen gelassen; erschienen aber immer wieder auf's Neue und wurden von der Gesellschaft selbst oder von Behörden oder andern Vereinen doch endlich, wenn auch schon in anderer Weise, zu einem Ziele geführt. Diese wahrhaft denkwürdigen Besprechungen, wenn sie in der folgenden Geschichte auch mehr nur angedeutet, als ausführlich berichtet werden können, schließen dennoch den werthvollsten Theil aller jener Wirksamkeit in sich; sie waren eine goldene Aussaat des Lichts, die nie kann verloren gehen.

Als Quellen zu meiner Arbeit benutzte ich die weitschichtigen Protokolle der Gesellschaft, die gedruckten Verhandlungsblätter und Jahresberichte, die mir zugesendeten Berichterstattungen der meisten Bezirksgesellschaften und wohl auch den Schweizerboten und eigene Erinnerungen. Ich werde treu und wahr berichten, ohne Ueberschätzung des menschlichen Thuns, aber mit Preis gegen den Vater über den Sternen, der diesem menschlichen Streben oft sichtbarlich sein Gedeihen verlieh!

I.

Die Gründung der Gesellschaft und ihr erstes Wirken zur Zeit der Mediations-Verfassung.

(In den Jahren 1811 bis 1814.)

Die Vermittlung Napoleons brachte dem Schweizerischen Vaterlande nach den Umwälzungen und zerfleischenden Partheikämpfen der Helvetik plötzlich eine fast wunderähnliche Ruhe, eine ganze Reihe friedlicher und glücklicher Jahre. Noch grollte zwar der Zorn ob verlorenen Vorrechten in den Herzen der einstigen Gewalthaber lange unversöhnt fort, aber er war machtlos geworden. Das Volk, in seiner Mehrheit gehoben durch das Selbstgefühl der ihm innewohnenden Kraft, ließ nicht mehr ab von der früher ungekannten, jetzt ihm gesicherten bürgerlichen Freiheit. Die Segnungen derselben begannen nun erst recht in's Leben zu treten. Im Aargau, dessen Verfassung auf demokratischer Grundlage gebaut war, wetteiferten die Männer der neuen Regierung, im Geiste derselben volksthümliche Einrichtungen zu treffen. Freilich war der Mangel an Erfahrung, selbst an hinlänglich Gebildeten zur Besetzung der Stellen sehr fühlbar, und es mußten — wie schon früher erwähnt — manche Nichteinheimische dazu berufen werden. Anderwärts glaubte man sogar lange nicht an die Möglichkeit eines gedeihlichen Fortbestandes dieses neugeschaffenen Kantons, und noch nach Jahrzehnten, als noch immer mit Geringschätzung auf den Emporkömmling herabgeblickt wurde, sprach der Präsident von 1819 in seiner Eröffnungsrede zu Schinznach ermuthigend: „Mögen sich andere Kantone recht gern neben uns die Alten nennen und Werth darein legen, es zu sein. Wir gönnen ihnen das Vergnügen. Ich habe noch nie gehört, daß eine junge Schöne ihre ältern Schwestern um das ehrwürdige, graue Haar beneidet hätte."

Die Stadt Aarau wurde mit dem Entstehen des Kantons der Mittelpunkt des kantonalen Lebens. Obwohl eine kleine Stadt von damals kaum 4000 Einwohnern, lebte in ihr viel Gewerbsamkeit und Unternehmungsgeist ihrer Bürger. Sie hatte sich schon 1798 durch ihr kühnes Auftreten gegen Bern einen Namen erworben und war darum im gleichen Jahre der erste Sitz der helvetischen Staatsbehörden geworden. Aus den Fenstern ihres Rathhauses geschah die Verkündung der einen und untheilbaren Republik an das Volk. Hier strahlte mitten in der trübsten Zeit der Zerwürfnisse zuerst ein Morgenstern schönerer Zukunft empor: die Gründung der Kantonsschule (den 6. Jänner 1802), eine That des edelsten Bürgersinnes, deren großer Förderer der gewesene Senator, Vater Rudolf Meyer, war. Im Jahre 1803 wurde Aarau zum Hauptorte des Kantons erkohren und von hier aus, als dem Sammelplatze der meisten Beamten und Gebildeten, ging auch die Stiftung der Culturgesellschaft hervor.

Die Vorsehung fügte es, daß in den ersten Jahren der Einrichtung des neuen Staatshaushaltes fünf Ehrenmänner, die daselbst wohnhaft niedergelassen waren, sich in Freundschaft zusammenfanden. Ihre Namen sind: Heinrich Zschokke, Forst- und Berginspector des Kantons, Nepomuk v. Schmiel, früher österreichischer Officier, nun Hauptmann der Aargauischen Standescompagnie, Oberstlieutenant Carl v. Hallwyl, Buchhändler Heinrich Remigius Sauerländer und Friedrich Heldmann, Professor der Handelswissenschaften an der Kantonsschule. Sie unternahmen im Herbste 1810 eine gemeinschaftliche Reise nach Freiburg im Breisgau, um, eingeführt durch den Erstgenannten, in dortiger Freimaurerloge die Weihe des Meistergrades zu empfangen. Die hochmenschlichen Ideen, die, eingehüllt in geheimnißvolle Symbole, des Maurerthums Eckstein bilden, ergriffen während ihrer Gespräche auf der Hin-

und Rückreise lebhaft diese für Menschheits- und Vaterlands-
wohl begeisterten Männer. Obwohl die Mehrzahl derselben
nicht geborne Schweizer waren, so loderte doch mächtig in ihnen
die treue Liebe zum Aargau, der ihnen zur neuen Heimath geworden war. Auch nach ihrer Rückkehr nach Aarau vereinigten
sie sich zu öftern, traulichen Zusammenkünften, zu denen sich
dann noch, die Siebenzahl zu erfüllen, Daniel Dolder, der
spätere Postdirector des Kantons, und Finanzsecretair Heinrich Fisch gesellten. Da geschah es an einem Novemberabend
des gleichen Jahres in einem kleinen Hause an der „Halde“,
daß von Zschokke ausgesprochen wurde, wie zeitgemäß es wäre,
die besten Bürger der verschiedenen Landestheile zu einem Ge-
sellschaftsbunde für Hebung der Volkswohlfahrt zu sammeln;
es könnte daraus der Regierung Hülfe und dem ganzen Kanton
einst großes Heil entstehen. Die Sicherheit der Ueberzeugung
und die feurige Kraft, mit der er dieß auseinandersetzte, ver-
fehlte nicht, daß der Gedanke bei den Andern rasch zündete;
und aus dem Gedanken erwuchs Entschluß mit nachfolgender
That. In spätern Zusammenkünften bestimmte man den Namen des zu stiftenden Vereins, „Gesellschaft für vaterländische
Cultur im Aargau,“ und deren Einrichtung. Heldmann ent-
warf die Statuten. Als Zweck der Gesellschaft wurde voran-
gestellt: „Beförderung alles dessen, was zur genauern Kenntniß
der Geschichte, Natur und Staatskräfte, sowie zur Erhebung
der Wissenschaft, Kunst und des Wohlstandes im Vaterlande
führt, insofern Solches von Privatmännern geschehen kann. —
Ausgeschlossen ist daher von ihrem Wirkungskreise Alles, was
allein Geschäft öffentlicher Behörden ist.“ Dann wurde für
Theilung der Arbeit gesorgt durch Aufstellung von fünf Klassen,
deren Thätigkeitskreise in den Statuten folgender Weise festgestellt erscheinen:

Der staatswissenschaftlichen Klasse wurde zugewiesen:
„Alles, was zur nähern Kenntniß sämmtlicher Staatskräfte der
Eidgenossenschaft überhaupt, des Kantons Aargau aber insbe-
sondere führt.“

Die historische Klasse erhielt als Gegenstand ihrer Beschäftigung: „Geschichtsforschung im höchsten Sinne des Wortes; nicht nur Erforschung und Darstellung der ältern und jüngern Schicksale und Zustände des Vaterlandes, sondern auch jener tiefer liegenden Quellen der Schicksale, wodurch Völkerschaften wurden, was sie geworden sind: Sprache, Erziehung, Wissenschaft und Kunst des Schönen, Alles in geschichtlicher Rücksicht."

Der naturhistorischen Klasse fielen folgende Aufgaben zu: „Daß die gesammten Mitglieder durch gegenseitige Mittheilung von Erfahrungen ihre Kenntnisse erweitern oder berichtigen; daß sie zur Erweiterung der Wissenschaft selbst nach Maßgabe ihrer vereinten Kräfte wirken oder sich dazu unterstützen; daß sie im Vaterland und zunächst im Kanton Aargau Sinn und Liebe für Naturkunde befördern."

Der landwirthschaftlichen Klasse „die Verbesserung der Landwirthschaft in allen ihren Zweigen". Es suchte dieselbe ihren Zweck zu erreichen durch genaue Kenntniß der Landwirthschaft im Kanton, durch Prüfung der Erfahrungen, die anderswo gemacht wurden, und Einführung von Verbesserungs-Vorschlägen, wie durch Bekanntmachung der bewährtesten und nützlichsten Erfahrungen.

Der Klasse für Gewerbe und Wohlstand: „Land- und Wasserbau, Fabriken, Handwerke, gemeinnützige und Armenanstalten."

Als Sigill der Gesellschaft wurde das Bild eines Ackerfeldes gewählt, von dem fünf Aehren aufsprießen, sinnvoll diese fünf Klassen andeutend.

Die Gesellschaft beschloß aus guten Gründen anfänglich nur sehr behutsam aufzutreten. Man warb fast heimlich neue Mitverbündete; es sagten Vater Rudolf Meyer, Landammann Dolder, Rector Evers, Friedrich Frey und Andere ihre Theilnahme zu. Am 2. März 1811 fand sodann die erste, im Protokoll förmlich verzeichnete Sitzung statt in Anwesenheit von 8 Mitgliedern. Zschokke eröffnete sie mit einer „herzlichen Ansprache", wie sich das Protokoll ausdrückt.

Alle Samstage Abend kamen nun die Befreundeten in einem Zimmer des Gasthauses zum Ochsen, zur Sommerszeit in einem freundlichen Gartenhause zusammen; Geschäftsführer wurden gewählt, wobei jedoch Zschokke beharrlich die ihm angebotene Würde des Präsidiums ausschlug. Die Verhandlungen bestanden vorerst aus wissenschaftlichen Mittheilungen und Gesprächen. Damit der Stoff dazu immer reichlich fließe, wurden in eine verschlossene Urne von Jedem aus der Gesellschaft ohne Nennung des Namens Zeddel eingelegt, die mancherlei Fragen enthielten. Blindlings griff man hinein und die Beantwortung des herausgeholten Zeddels bildete die Unterhaltung für den Abend. Solche Fragen waren z. B.: „Welche verschiedenartige, zu dem Zwecke der Bildung des Nationalcharakters führende Mittel giebt es?" — „Worin liegt der Hauptgrund gegenseitiger Rivalität und Gehässigkeit mancher Städte im Aargau? Giebt es ein Mittel, derselben entgegenzutreten?" — „Welchen Einfluß haben Lotterien auf das Volk?" — „Welches sind die Mittel, bei dem Schweizervolke die durch die Revolution eingesogenen irrigen Begriffe von Freiheit zu berichtigen?" — Allmälig wurden diese Fragen mehr praktischer Art; sie betrafen die Nützlichkeit von Annahme neuer Bürger in den Aargauischen Städten, Abschaffung des Straßenbettels, Entwerfung einer agronomischen Karte des Aargau's, die Messungen des Aarbettes und die Versuche von Goldwäscherei im Aarsand durch Vater Rudolf Meyer, Verbesserung des Hausgesindes, Taubstummen= und Blindenbildung (eine Zählung im Kanton, durch die Regierung angeordnet, ergab 361 Taubstumme und 57 Blinde, die meisten Taubstummen in Othmarsingen und Kulm), Einrichtung von Nähschulen, Bau eines Casino in Aarau, Stiftung von allgemeinen Schweizerischen Volksfesten und Vieles andere mehr. Manche dieser Besprechungen drangen durch den „Schweizerboten" ins Volk, wie denn überhaupt dieses von Zschokke herausgegebene Volksblatt, damals und noch lange eines der verbreitetsten in der Schweiz, mit der Culturgesellschaft stets aufs Innigste verbunden blieb. Er war gleich=

sam ihre rechte Hand, mit der sie ihre Saatkörner ins Volk
ausstreute.

So harmlos nun auch die samstäglichen Unterhaltungen des
jungen Vereins waren, so fehlte es ihm von Anfang an doch
keineswegs an widerwärtigen Anfeindungen von Außen. Bei
der Neuheit der Sache und dem damals noch so tiefen Bil=
dungsstande der Masse ward bald großer Argwohn in der
öffentlichen Meinung wach. Eine Vereinigung allein zu men=
schenfreundlichen Zwecken erschien damals noch so unglaublich,*)
daß man dahinter nur das Verdächtigste und Schlimmste wit=
tern konnte: gottlose Freimaurerei oder gar höllische Gold=
macherkünste in persönlichem Umgange mit dem Schwarzen.
Eine Fluth von Verleumdung ergoß sich über die Culturmänner
durch einen großen Theil des Kantons hin; einzelne Mitglieder
wurden von den Giftpfeilen des Hasses bis in ihr Familien=
leben hinein verfolgt. Solche Erfahrungen machte die Gesell=
schaft noch vorsichtiger; es wurde über manche Verhandlung,
die vom Publikum mißverstanden werden konnte, der Schleier
des Geheimnisses gedeckt; bei der Wahl neuer Mitglieder durch
Ballotage verfuhr man so behutsam, daß, wenn auch nur zwei
schwarze Kugeln fielen, der Vorgeschlagene ausgeschlossen blieb,
und wer aufgenommen wurde, hatte drei ernste, feierliche Fragen
mit dem Jawort zu beantworten, ehe man ihn zu den Sitzungen
hinzuließ. All jenes feindselige Getriebe machte jedoch die Mit=
glieder nicht muthlos; sie antworteten darauf, wie sie nicht
schöner hätten antworten können, mit einer ersten That, der
Gründung einer „Hülfsgesellschaft für Aarau und die Um=
gegend". Die allwöchentlich in eine Casse gelegten Schärflein
der Mitglieder und dann eine weitere unter sich veranstaltete
Collecte im Betrag von 450 Fr.**) bildete die Aussteuer für

---

*) Die helvetische Gesellschaft, die Stiftung des Basler Isaak Iselin,
welche ihre Sitzungen öfter im Bade Schinznach hielt, war vom
Volke im Allgemeinen wenig gekannt; ebenso war dies mit der
öconomischen Gesellschaft der Fall gewesen, welche in den Jahren
1762 bis 1769 in Aarau zusammengekommen war.
**) Hier sei ein für alle Male erklärt, daß, wo es nicht ausdrücklich an=

dieſe Stiftung, welche ſeitdem durch 50 Jahre mit vielem Segen gewirkt hat und noch heute wirkt. Da die Hülfsgeſellſchaft ſich jedoch in der Folge von der Muttergeſellſchaft ablöste und als ſelbſtſtändiger Verein fortbeſtand, ſo verweiſe ich die Bericht= erſtattung über ſie in den Anhang zu dieſer Schrift.

Bald nachher folgte dieſer Stiftung eine andere von noch weit tiefer greifender Bedeutung, die der „zinstragenden Er= ſparnißcaſſe für die Einwohner des Kantons Aargau", die mit eine der erſten in der Schweiz war. (Schon beſtanden ähnliche Anſtalten in Zürich ſeit 1805, in Baſel ſeit 1809, in Graubünden ſeit 1808.) In wenigen Tagen war zu ihrer Sicher= ſtellung eine Bürgſchaftsſumme von 9300 Fr. durch die Mit= glieder gezeichnet und dabei öffentlich erklärt: „Wir verſprechen erforderlichen Falls ein Jeder für ſich bis auf den Betrag der ſeiner Unterſchrift beigeſetzten Summe Alles dasjenige zu leiſten, was das Bürgſchaftsrecht in Kraft gegenwärtiger Verpflichtung von uns erfordern mag, und zwar ſo, daß bei allfälligem Ver= luſte die Summe deſſelben auf alle Bürgen nach Maßgabe der von ihnen verbürgten Summe vertheilt und dieſe niemals über= ſtiegen werden ſoll; bei Verbindung unſers gegenwärti= gen und zukünftigen beſitzenden allgemeinen Hab und Gutes." Unterzeichnet ſind auf der Gründungsurkunde 38 Mitglieder mit Verpflichtungsſummen von je 200 bis 500 Fr. — Die ſorgfältig ausgearbeiteten Statuten, welche jedoch nach= mals wiederholt Abänderungen erfuhren, wurden in 1000 ge= druckten Exemplaren an alle Gemeindeammänner des Kantons vertheilt. Mit dem 1. Mai 1812 geſchah die Eröffnung. Die Geſellſchaftsmitglieder gingen mit gutem Beiſpiele voran und legten zuerſt für ihre Kinder ein. Während der nun folgenden 50 Jahre weihte die Geſellſchaft der Erſparnißcaſſe ihre auf= merkſamſte Fürſorge und nicht bald erfreute ſich eine Volks= anſtalt ſo reicher Segnungen, wie dieſe. Anfänglich war ſie

---

bers bemerkt iſt, alle Geldangaben bis zu Ende 1851 in alter Währung, von Neujahr 1852 an aber in neuer Währung zu verſtehen ſind.

nur für Dienſtboten, Handwerker und Kinder beſtimmt; bald
betheiligten ſich alle Claſſen der Bevölkerung durch den ganzen
Kanton hin daran. Tauſend und aber tauſend Sparpfennige
wurden für Zeiten der Noth und des Alters dieſer Caſſe an=
vertraut, und eine ungezählte Menge von hülfsbedürftigen Mit=
bürgern konnte hier, in Verlegenheit um Geldaufnahmen, ſtets
bereite Hülfe finden. Was aber die Hauptſache blieb: Es
wurde durch ſie ein Geiſt ſparſamer Häuslichkeit herangebildet,
der nicht wenig zum wachſenden Gedeihen des öffentlichen Wohl=
ſtandes beitrug. — Zugleich wurde dieſe Anſtalt Vorbild und
Mutter einer ſehr großen Zahl anderer Orts= und Bezirks=
Erſparnißcaſſen, von denen Einzelne in dieſen Blättern ebenfalls
Erwähnung finden werden. Sie ſteht bis auf heute, trotzdem,
daß ihr einmal ſchwerer Schaden drohte durch Gewiſſenloſigkeit
eines Beamten, ſo geſichert und geachtet in dem öffentlichen
Vertrauen, daß, als die im Jahre 1855 von der Regierung
gegründete Kantonalbank ebenfalls eine Erſparnißcaſſe für den
Kanton mit ſehr zahlreichen Filialen und unter Garantie des
Staates ſtiftete, ihr dadurch keineswegs Eintrag geſchah. —
Um über den von Jahr zu Jahr ſteigenden Umfang dieſer
Wirkſamkeit genauere Kenntniß zu geben, laſſen wir hier die
Zahlen ſprechen, indem wir eine Ueberſicht der Rechnungen
geben.

Jahr.	Vermögen.		Sicherheitsfond		Namen des Caſſiers.
	Fr.	Rp.	Fr.	Rp.	
1812	9,337	—	—	—	Bächlin.
1813	13,518	92	283	90	
1814	17,391	70	624	60	Hunziker, Oberſt.
1815	22,303	61	819	01	Friedrich Meyer.
1816	26,381	23½	1,014	83½	„ „
1817	29,407	86	1,262	81	„ „
1818	34,340	31	1,430	81	„ „
1819	41,301	61	1,790	06	
1820	45,088	39½	2,227	04½	Regiſtrator Jäger.
1821	53,019	74½	2,426	85	„ „
1822	61,399	28	3,178	83	Frei=Stähelin.

Jahr.	Vermögen.		Sicherheitsfond		Namen des Cassiers.		
	Fr.	Rp.	Fr.	Rp.			
1823	72,763	60	3,416	25	Frei = Stähelin.		
1824	86,175	75	4,191	80	„		
1825	103,423	67	4,786	17	„		
1826	119,219	87	5,862	07	„		
1827	136,352	60	6,354	30	Carl Pfleger.		
1828	158,078	37	7,751	51	„ „		
1829	175,448	32	8,463	$67^1/_2$	„ „		
1830	183,250	87	10,417	09	„ „		
1831	192,006	$59^1/_2$	12,172	$84^1/_2$	„ „		
1832	200,358	37	13,326	21	Franz Hürner, Stadtschr.		
1833	205,216	10	14,211	47	„	„	„
1834	222,578	$97^1/_2$	15,117	$00^1/_2$	„	„	„
1835	228,514	28	15,599	$68^1/_2$	„	„	„
1836	245,752	$83^1/_2$	16,603	$71^1/_2$	„	„	„
1837	265,352	05	17,159	41	„	„	„
1838	278,559	02	18,700	42	„	„	„
1839	300,252	$26^1/_2$	19,197	78	„	„	„
1840	329,532	28	20,727	84	„	„	„
1841	359,526	87	21,180	$33^1/_2$	„	„	„
1842	380,844	$45^1/_2$	23,175	42	„	„	„
1843	410,238	$01^1/_2$	23,628	33	„	„	„
1844	441,211	33	26,167	—	„	„	„
1845	462,014	$21^1/_2$	27,384	$41^1/_2$	„	„	„
1846	469,020	$93^1/_2$	30,524	39	„	„	„
1847	473,202	$24^1/_2$	32,146	$72^1/_2$	„	„	„
1848	487,311	45	34,516	25	„	„	„
1849	533,737	69	35,129	69	„	„	„
1850	636,562	$93^1/_2$	35,663	15	„	„	„
1851	742,214	$71^1/_2$	35,032	$11^1/_2$	„	„	„
1852	1,204,911	93	51,112	13	„	„	„
1853	?	?	?	?	„	„	„
1854	1,229,821	88	51,178	92	Siebenmann = Landolt.		
1855	1,281,376	46	—	—	„	„	
1856	1,360,687	10	56,337	85	„	„	
1857	1,547,964	76	60,221	36	„	„	
1858	1,925,360	61	76,935	06	„	„	
1859	2,177,464	30	77,441	09	„	„	
1860	2,366,544	90	90,170	05	„	„	

Im letzten Jahre betrug die Zahl der Einleger in die Casse 4895.

Noch ist zu erwähnen, daß bis in die Zwanzigerjahre hinein sowohl Cassiere, als Zinsrodelverwalter und Controlleure der Casse ihre Aemter unentgeldlich verwalteten und ihnen erst von da an wegen ihres großen Mühewalts billige Entschädigung zuerkannt wurde.

Mit dem Gelingen dieses ersten Versuchs war Bahn gebrochen; in kurzer Frist hemmte kein grollender Argwohn, kein hämisches Nasenrümpfen der Ueberklugen mehr das fröhliche Streben für Volkswohl. Bald vermehrte sich die Menge der Arbeit so, daß man sich nach Vermehrung fleißiger Hände umsehen mußte. Es traten zahlreiche neue Mitglieder bei, da zuvor selbst freisinnige Männer wegen der umlaufenden bösen Gerüchte noch Bedenken dagegen getragen hatten; immer mehr galt es als Ehrensache, dem Vereine anzugehören. Schon versah man sich auch des Vortheils, interessante Sitzungen auf die Zeitpunkte zu verlegen, wo der Große Rath in Aarau versammelt war, dessen Mitglieder dazu eingeladen wurden. Bald entschlossen sich Einzelne in andern Bezirken zum Beitritte: der erste Anfang zur Ausdehnung über den ganzen Kanton.

Das Jahr 1812 rief auch die Klassen in Thätigkeit, jede unter einem besondern Vorsteher. Die Verfassung gewährte diesen Abtheilungen hinlänglichen Raum zur freien Entfaltung für sich, während jede einzelne doch wieder in förderlicher Verbindung mit der Gesammtgesellschaft blieb.

Von der Klasse für Gewerb und Wohlstand geschahen Anfangs die meisten Vorberathungen und gingen die meisten Anregungen zu thatsächlichen Stiftungen aus; späterhin aber fand sie in der ihr zugewiesenen Aufsicht und besondern Pflege der Ersparnißcasse so übergenug Beschäftigung, daß sie sich damit ausschließlich befassen mußte, wie das noch jetzt fortwährend der Fall ist.

Von den Bestrebungen der landwirthschaftlichen und naturforschenden Klassen werde ich aus dem nämlichen Grunde, welcher bei der Hülfsgesellschaft angeführt wurde, erst im Anhange ausführlicher sprechen. Sie bildeten sich nämlich in der Folge als von der Culturgesellschaft unabhängige Vereine aus, deren ausgedehnteste Wirksamkeit zum Theil in spätere Perioden fällt.

Am wenigsten Bemerkenswerthes geschah von der **staats-wirthschaftlichen Klasse**, als deren Thätigkeitsgebiet „die Erforschung sämmtlicher Staatskräfte der Eidgenossenschaft und des Kantons Aargau ins Besondere" bestimmt war. Ohne Zweifel führte der baldige Austritt ihres Vorstehers Heldmann ihre zu frühe Auflösung herbei. Doch findet sich von ihr noch werthvolles Material zur Statistik des Kantons vor.

Die **historische Klasse** endlich betrat unter Zschokke's Vorsitz rüstig ihre Laufbahn. Ihr versprach reichste Ausbeute der Aargauische Boden, unter dessen leichter Grabesdecke so viele Spuren eines großen, untergegangenen Alterthums ruhen, auf dessen Waldhügeln so viele Burgtrümmer den Forscher ritterlicher Vorzeit herausfordern, aus dessen Klosterarchiven und Gemeindsladen noch so viele antiquarische Schätze zu heben sind; der Aargauische Boden, auf dem das Volk in so verschie-dener Eigenthümlichkeit überlieferter Sitte, Erinnerung und Mundart selbst als lebendigstes und reichhaltigstes Archiv der Geschichte wandelt. Wir finden die Arbeiten der Klasse zum Theil in den Verhandlungsblättern der Gesellschaft, zum Theil in eigenen Druckschriften zahlreich niedergelegt, und ich erwähne im Einzelnen nur: die Sammlung von Material zu einer Ge-schichte der Juden im Aargau; die zahlreichen Proben von Aargauischen Mundarten, zusammengetragen für das von Decan Stalder in Escholzmatt herausgegebene Schweizerische Idiotikon; die Untersuchungen über die Volksschauspiele im freien Amte; die Auffindung und Beschreibung von keltischen und römischen Alterthümern an mehreren Orten. Von ihr ging 1816 ein „Umriß der Geschichte des Aargau's", als erstes Neujahrsblatt für die Aargauische Jugend im Drucke aus, worauf als zweites Neujahrsblatt im folgenden Jahre 1817 ein „Umriß der Landesbeschreibung des eidgenössischen Frei-staates" folgte. Beide wurden von H. Zschokke geschrieben, beide waren verdienstliche Arbeiten für jene Zeit, wo noch fast keine allgemeine Kenntniß vom eigenen Lande und seiner Geschichte im Volke verbreitet war. Vom Jahre 1812 an wurde je den 29. Mai der Geburtstag des Schweizerischen Geschichtschreibers Johann v. Müller in feierlicher Sitzung begangen. Bei diesen Anlässen kamen öffentliche Vorträge vor, in denen von einigen Rednern namentlich auch die Ausfälle eines Woltmann und Steigentäsch gegen die Ehre des großen Mannes kräftigst zurückgewiesen wurden. Es ist mir unbekannt geblieben, wie es kam, daß die Klasse nach etwa zehnjährigem Verlaufe ihre Arbeiten einstellte. Wiederholt, aber lange vergeblich, wurde späterhin ihre Wiederbelebung versucht. Erst der neuesten Zeit war es vorbehalten, diesen Wunsch von Neuem erfüllt zu sehen, indem der Erziehungsdirector des Kantons, Augustin Keller, im Oktober 1859 ein Rundschreiben zur Gründung einer historischen Gesellschaft für den Aargau erließ und eine große Anzahl von Männern aller Bezirke auf seinen Ruf sich am 3. November des gleichen Jahres in Brugg zusammenfand. Bereits besitzen wir als Erstlingsfrüchte dieses neugewordenen Vereins, dem wir ein fröhliches Glückauf zurufen, zwei werthvolle Druckschriften, ein „Taschenbuch für 1860", verfaßt von E. L. Rochholz, Professor an der Kantonsschule, und K. Schröter, Stadtpfarrer in Rheinfelden, und „Argovia", eine Jahresschrift, von Denselben.

Unter den Arbeiten der Gesammtgesellschaft in dieser Periode zählen wir noch auf die Gründung von Arbeitsschulen für Mädchen zuerst in den Gemeinden Gansingen und Muri, etwas später in Lunkhofen und Teufenthal und endlich in einer großen Reihe von andern Dörfern, wo Geistliche oder andere gemeinnützige Männer Hand dazu boten. Es war dies der erste Schritt zur Hebung der damals noch ganz brach liegenden Bildung der weiblichen Jugend auf dem Lande, und ohne Zweifel geschah dadurch der Anstoß zu dem nachmals im Schulgesetze von 1835 aufgenommenen allgemeinen Grundsatze: „Es sollen in sämmtlichen Gemeinden weibliche Arbeitsschulen errichtet werden", durch deren Gründung das Schulwesen des Aargau's sich vor manchen andern so sehr auszeichnet.

In Gansingen betrieb jene Stiftung mit hervorleuchtendem Eifer der Pfarrer Brentano, welcher, der Erste im Frickthale, der mit der Gesellschaft zu Aarau in Verbindung trat, unermüdlich war in Anregung gemeinnütziger Ideen. Er ist es auch, welcher sich im Kanton am frühesten der Bildung von Taubstummen weihte. Bei der allgemeinen Versammlung in Schinznach im Jahre 1814 führte er einen seiner Taubstummen-Zöglinge zur Prüfung in mancherlei Handfertigkeit vor.

Zur Veredlung des Volksgesanges wurde erfolgreich Besseres angebahnt, besonders nachdem Hans Georg Nägeli von Zürich, einer Sitzung der Gesellschaft (im Jahre 1813) persönlich beiwohnend, derselben seine in Verbindung mit M. T. Pfeifer, Gesanglehrer in Lenzburg, ausgearbeitete Gesangsbildungslehre erklärend dargestellt hatte. Bisher hörte man unter dem Landvolke wenig singen, es sei denn Trink- oder wüste Zotenlieder in Wirthshäusern oder beim nächtlichen Umherschweifen der jungen Leute in den Dörfern. Dadurch nun, daß den Landschullehrern ein würdigerer Gesangstoff in die Hand gegeben und Anleitung zum Unterricht ertheilt wurde, lernte die Jugend das Volkslied in seiner schönern Gestalt kennen und allmälig wurden jene Mißtöne seltener mehr vernommen.

Diese friedlichen Beschäftigungen erhielten am Schlusse des Jahres 1813 eine unerwartete Störung durch den Bruch der Schweizerischen Neutralität von Seiten der verbündeten Mächte und den Durchzug der Oesterreicher durch unser Land. Am 22. December befand sich das Hauptquartier des Feldzeugmeisters Grafen von Colleredo-Mannsfeld und Feldmarschall-Lieutenants Greth in Aarau, und das Protokoll der einundfünfzigsten Sitzung der Gesellschaft vom 23. December, der letzten im Jahre, sehr flüchtig abgefaßt, verzeigt sehr bezeichnend nichts weiter, als die Anwesenheit eines österreichischen Artillerie-Commandanten bei derselben.

Unter der Ueberschwemmung der fremden Truppen litten, wie keine andere Gegend der Schweiz, besonders die Rhein- bezirke Zurzach, Laufenburg und Rheinfelden; denn dem Durch- zuge jener folgten in schrecklicher Weise Hungersnoth und tödt- liche Seuchen für Menschen und Vieh. Das Nervenfieber, das bis zum Frühling 1814 fortdauerte, raffte eine Menge von Personen hinweg; in den Hütten der Armuth entstanden Jammer- scenen bisher unerhört; in Herznacht allein zählte man in drei Familien 12 Waisenkinder, deren Aeltern dem Fieber erlegen waren und aus vielen andern Orten tönte der gleiche Schmer- zensschrei. Unter dem Rindvieh grassirte die sogenannte Löser- dürre, welche viele Ställe leerte. In der Nacht vom 15. Juni verheerte dann noch ein furchtbarer Wolkenbruch Weinberge, Aecker und Wiesen im Frickthale auf mehrere Jahre hinaus. Durch diese gehäuften Unglücksfälle war nun der Gesellschaft der erste große Anlaß zur Hülfeleistung in umfassender Weise, sowie zur ersten Liebesthat gegen das neuverbündete Bruder- volk im Frickthale, geboten. Sie erfüllte ihr Samaritaner- werk mit aufopfernder Treue. Ihr Aufruf durchflog den Kan- ton und von überall her erschienen alsbald reichliche Spen- den zur Linderung der Noth: ganze Wagen voll Lebensmittel, sowie bedeutende Baarsummen; in Aarau allein wurden über 800 Franken gesammelt; auch von weither gingen Beiträge ein, so aus dem Kanton St. Gallen 200 Franken von einem Leser der „Stunden der Andacht“. Die durch die Mitglieder der Gesellschaft gesammelten Liebessteuern betrugen in Geld 3262 Franken 53 Rappen; an Victualien 622 Viertel Erdäpfel, 30 Viertel Mehl, 850 Viertel Gerste, Korn, Mischleten und Rog- gen, 21 Viertel Erbsen und Bohnen, 325 Viertel dürres Obst; dazu kamen noch viele Kleidungsstücke aller Art. Bei diesen Gabensammlungen zeichneten sich besonders Pfarrer Bock in Aarau und Gerichtspräsident Jehle in Rheinfelden durch werk- thätige Hingebung aus. Doch noch rührender als jener Wett- eifer im Geben, der sich in allen verschont gebliebenen Bezirken kund gab, war die Fürsorge für die Waisen des Frickthals, welche ihre Aeltern durch die Krankheit verloren hatten. Die Gesellschaft erklärte, daß sie Vaterstelle an denselben vertrete und 50 solcher hülflosen Kinder wurden bei rechtschaffenen Familien zur Pflege und Erziehung versorgt, davon die Meisten bei Mitgliedern der Gesellschaft, die sie unentgeltlich annahmen. — Auf diese Weise, und da auch die Regierung des Kantons aus Kräften zur Linderung der Noth beitrug, wurde jener unglückliche Landestheil vom Raube der Verzweiflung gerettet.

Gleichzeitig beschäftigte die Gesellschaft noch eine andere schwere Sorge. Napoleon war gestürzt und eine Erprobung der gefährlichsten Art trat für den Aargau ein. Bern forderte wieder kühner seine im Jahre 1798 verlorenen Gebiete zurück; ebenso Zug mit gierigen Gelüsten einen Theil der Freiämter. Der schöne, kaum in sich verschwisterte Kanton drohte wieder in Trümmer auseinander zu brechen. In diesen verhängnißreichen Augenblicken regte sich die Gesellschaft mit unglaublicher Lebendigkeit. In Wort und Schrift wurde das Volk über seine Interessen belehrt. Eine Flugschrift: „Von der Freiheit und den Rechten der Kantone Bern, Aargau und Waadt," von Zschokke verfaßt, wurde von der Gesellschaft in zwei Auflagen gedruckt und zahlreich verbreitet. Ebenso erschien von ihr eine Rechtfertigung der Regierung des Kantons als Beilage zur Aarauer Zeitung wider verläumberische Angriffe, die von Bern her ausgestreut worden. Die Mitglieder in Aarau trafen unvergeßliche Verabredungen und Verbindungen mit Entfernten. Ja, als die Regierung Truppen rüstete, um die bedrohte Stellung des Landes zu schirmen, erließ die Gesellschaft einen Aufruf zu einer Steuer für Waffen an mittellose Freiwillige. Es gingen dazu nebst vielen Ordonnanzgewehren, Stutzern, Degen und Patrontaschen aller Art 1515 Franken in Baar ein, und nicht nur in den altbernerischen Bezirken regte sich solch freudiger Eifer für den Bestand des Kantons, sondern auch in Baden und im Frickthale. Oberst Brentano in Laufenburg rüstete zwei Wehrmänner aus eigenen Mitteln aus und die Stadt

Rheinfelden stellte ein freiwilliges Schützencorps von 60 ihrer Bürger. Sogar ein Corps von Aargauischen Kosaken wurde gebildet. Lieber entflammten die Jugend und oft erzählte mir mein Vater, wie die Freiwilligen auf dem Schachen zu Aarau sangen:

> „Zerklopfet dem Bären nur wacker das Fell,
> Eh' wird es im Lande nicht heiter und hell;"

und wie sie dazu mit den Gewehrkolben auf dem Boden den Takt stampften. Glücklicher Weise kam es nicht zum Aeußersten; der begeisterte Aufschwung des Volkes im Aargau warnte Bern, es nicht auf eine blutige Entscheidung ankommen zu lassen. Doch grollte der Zwist mit Bern noch lange fort, auch selbst nachdem durch Dazwischenkunft der alliirten Mächte die friedliche Ordnung wieder hergestellt, und am 4. Juli 1814 eine neue Kantonsverfassung, sowie am 9. September des gleichen Jahrs ein neuer Bundesvertrag der 22 Kantone in Kraft getreten war. Daß aber in jenen unheildrohenden Tagen die Integrität des Kantons Aargau gerettet wurde, ist ohne Zweifel zu einem großen Theil der Gesellschaft für vaterländische Cultur zu danken!

II.
Die Gesellschaft während der Restaurationszeit.
(In den Jahren 1814 bis 1829.)

Der Fall Kaiser Napoleons, dessen tyrannischer Uebermuth ihn auch der Schweiz zuletzt verhaßt gemacht hatte, wurde wenig betrauert; Viele begrüßten sogar hoffnungsfroh die neue Vermittlung der verbündeten Mächte. Indessen erkannten die Einsichtigern nur zu bald, daß die alte Vormundschaft von Fremden über das Vaterland nur mit einer andern und noch gehässigern vertauscht worden sei. Die neuen Staatseinrichtungen waren ohne alle Anfrage an das Volk gegeben und manches köstliche Recht, dessen man kaum erst froh geworden, blieb entrissen oder verkümmert. Bei den Behörden waltete nicht mehr der Geist freier Volksliebe, sondern immer mehr führte in den eidgenössischen Räthen unterwürfige Furcht vor der heiligen Allianz, welche nach Ueberwindung Frankreichs dem Welttheil das Gesetz dictirte, die Hauptstimme. Auch der Aargau, uneingedenk seines Ursprungs, ward über Gebühr in diese Zeitströmung hineingerissen. Bald war Klage laut über Willkühr des Kleinen Rathes, der die ganze Macht des Staates so sehr an sich zog, daß die Volksvertreter im Großen Rathe daneben oft nur noch eine Schattengewalt besaßen. Die freie Presse wurde allzuwillfährig gegenüber den Gesandten der Mächte beengt. Wie oft ward nicht in diesen 15 Jahren dem Schweizerboten das weiße Tuch der Censurlücken vor den Mund gestopft! Auch die geselligen Vereine wurden von Oben herab mit mißtrauischen Blicken belauert. Ueber dies Alles gab sich je länger je offener Mißmuth im Volke kund. Er wäre ohne Zweifel schon früher zum Ausbruch gekommen, wenn nicht, was keineswegs geläugnet werden kann, die Verwaltung sonst im Allgemeinen wohl geleitet worden wäre.

Die Gesellschaft für vaterländische Cultur bewahrte trotz Allem in dieser ganzen Zeit ihren frischen Muth und ließ sich das alte, freie Wort nicht rauben. Ihre Bahn war ihr durch den Geist der Vaterlandsliebe, der ihre Mitglieder noch wie in den ersten Tagen der Stiftung beseelte, fest vorgezeichnet, und sie ließ sich darin nicht irre machen, selbst auf die Gefahr hin, mit dem herrschenden Regierungssysteme in Widerspruch zu gerathen, oder als „Jakobinerklubb" verschrien zu werden. Sie blieb in diesen polizeistaatlichen Zeiten das letzte Asyl der höhern, nationalen Ideen, die dann auch aus ihrem Schoose einst wiederbelebend in's Volk hervortreten sollten.

Indessen wollte sie keineswegs eine politische Gesellschaft sein, sondern sie verharrte nach wie vor in den Schranken volksthümlicher und gemeinnütziger Thätigkeit. Vor Allem legte sie nun Hand an den weitern Ausbau ihres im J. 1811 so hoffnungsreich begonnenen Werkes. Bisher war Aarau fast allein handelnd auf der Bühne gestanden und erst gegen das Ende der Mediationszeit durch aufgestellte Correspondenten mit den zerstreuten Gliedern in den andern Bezirken in Verbindung getreten. Die Frickthalersteuer, sowie das angeknüpfte Einverständniß unter Gleichgesinnten während der großen Bewegungen des Jahres 1814 zeigte, wie nothwendig eine engere Verbrüderung der Volksmänner unter sich sei. Dazu boten sich zwei Mittel dar: regelmäßige Versammlung aller Mitglieder aus dem ganzen Kantone und Stiftung von Culturvereinen in jedem Bezirke.

Beides ward noch im Jahre 1814 in Vollzug gesetzt. Das erste Mal traten 78 Männer aller Gegenden des Landes, mit Ausnahme Muri's, den 24. Mai im Bade Schinznach zusammen und zum zweiten Male im gleichen Jahre den 27. Septbr. eine noch größere Anzahl. Diese Versammlungen wurden nun von Jahr zu Jahr fortgesetzt; sie galten als hohe Festtage, an deren Erinnerung sich manche Mitglieder noch im späten Greisenalter mit freudeſtrahlendem Auge labten. Gewöhnlich fielen ſie in den Herbſt, wann die Badegäſte in Schinznach ſich entfernt hatten. Der Präſident des „leitenden Ausſchuſſes" — und als ſolcher galt der Verein von Aarau in der ganzen Periode — eröffnete die Sitzung mit einer Anrede, worin des heimathlichen Kantons und der Aufgabe der Geſellſchaft in ihm oft mit hoch= begeiſterten Worten gedacht wurde. Dieſe Präſidialreden, faſt alle noch im Drucke aufbewahrt, bilden Blätter eines Kranzes, wie ihn Vaterlandsliebe kaum je ſchöner gewunden hat. Dann folgten die Verhandlungen über die aufgeworfenen Fragen des Tages. Auf eigentliche Beſchlüſſe kam es dabei weniger an, als auf Anregung der Geiſter zu fruchtbringenden Entſchlüſſen. Hierauf folgte ein gemeinſchaftliches Mahl in der ſchönen Speiſe= halle der Gaſtwirthe Rohr und Rauſchenbach — und wahrlich dieſer Theil des Feſtes war der nicht minder einflußreiche. Was der feierliche Ernſt des Vormittags unberührt gelaſſen, das deckte oft um ſo ungeſcheuter der kecke Witz der Toaſte auf. Nicht ſelten charakteriſirten ſich in ihnen auch die Zeitverhält= niſſe auf's ſchlagendſte. Während an jenem 27. Septbr. 1814 Trinkſprüche auf Freiheit und Ehre des Aargau's, auf den Schweſterkanton Waadt, und auf die Beſieger Napoleons, die Kaiſer Alexander und Franz und den König Friedrich Wilhelm, ſtürmiſchen Applaus fanden, ward einige Jahre ſpäter die hei= lige Allianz die Zielſcheibe ſcharfer Pfeile und noch ſpäter gab ſich neben dem tiefſten Unmuth über Unfreiheit und Ohnmacht des Kantons die Hoffnung auf baldige Wiedergeburt deſſelben in glühenden Reden kund. Auch der Geſellſchaftslieder ſei hier gedacht. Proviſor Fröhlich von Brugg brachte 1814 ſein ernſtes Dichterwort: „Was wir wollen". Beſonders aber bot Zſchokke allmälig einen ganzen Strauß von Liedern dar. Man denkt noch jetzt gerne an jenes oft mit lebendigſter Heiterkeit ge= ſungene: „Will Jemand das freundliche Aargau bereiſen," oder: „Als in Vater Noah's Tagen". Ein durch Beiträge der Ge= ſellſchaft zu ſeiner Ausbildung unterſtützter junger Künſtler hatte ſeiner Wohlthäterin dankbar einen hübſchen, hölzernen Becher geschenkt, worauf das Wappen der Gesellschaft mit dem des Kantons ausgeschnitzt steht. Dieser Becher mußte nun jedes Mal an der Tafel herumgehen, wobei die Versammlung freudig anstimmte:

> „So schickt den Kelch auf Reisen!
> Schickt ihn von Hand zu Hand,
> Den Guten und den Weisen
> Im lieben Vaterland.
> Ein Handschlag sei zur Weihe!
> Der Kelch ist hölzern zwar;
> Doch golden ist die Treue
> Und währet immerdar!"

Doch nicht nur knüpften sich so die Aargauischen Herzen immer enger und enger zusammen in „goldener Treue"; auch eine gute That durfte niemals fehlen. Die Gastmahlsteuern, die bei diesem Anlasse aufgehoben wurden, hatten die Bestimmung, bald für Unterstützung Wasser = oder Brandbeschädigter ein Schärflein zu sein, bald irgend sonst ein löbliches Unternehmen, das gerade an der Tagesordnung war, zu fördern.

An der zweiten Jahressitzung 1814 reifte auch jenes zweite Vorhaben: Zweigculturgesellschaften in allen Bezirken in's Leben zu rufen. Man bezeichnete am genannten Tage sofort aus der Zahl der bereits für die Interessen des Vereins gewonnenen Männer die Präsidenten derselben:

Für Brugg: Pfarrer Rahn in Windisch.

„ Lenzburg: Bezirksamtmann Bertschinger.

„ Kulm: Gerichtspräsident Erismann.

„ Zofingen: Artilleriecoberst Müller.

„ Rheinfelden: Bezirksamtmann Fischinger.

„ Laufenburg: Appellations = Gerichtspräsident Jehle.

„ Baden: Pfarrer Koch, welcher, da er nicht annahm, später ersetzt wurde.

„ Muri: Appellationsrichter Küng.

„ Bremgarten: Appellationsrath Weber.

„ Zurzach: Decan Keller.

Um den Verkehr zwischen diesen Töchtervereinen und der Stammmutter in Aarau regelmäßig zu vermitteln, theilte man sich anfänglich die geschriebenen Protokolle gegenseitig mit. Von 1816 an bis 1825 traten dann die gedruckten „Verhandlungs-blätter der Gesellschaft für vaterländische Cultur" an die Stelle, eine auch für Geschichte, Staats- und Naturkunde reichhaltige Sammlung des Wissenswürdigen.

Das war nun eine frohe, regungsvolle Zeit des Cultur-lebens durch den Kanton hin. Es würde die diesen Geschichts-blättern bestimmte Grenze weit überschreiten, sollte hier eine ganze Chronik aller und jeder Verhandlungen aufgerollt werden. Wir begnügen uns, die namhaftesten derselben, welche auch den waltenden Geist am meisten bezeichnen, hervorzuheben und zwar in der Anordnung, daß zuerst die gemeinsamen, wobei alle oder doch die meisten Gesellschaften sich mitbetheiligten, und hernach die Arbeiten der einzelnen Vereine anzugeben sind.

Den 15. November 1814 äscherte ein furchtbarer Brand 29 Häuser des Dorfes Gansingen ein, wodurch 257 Personen ihres Obdaches, all ihrer Habe und der erst eingesammelten Ernte verlustig wurden. Eine für die beim nahen Anbruch des Winters doppelt Armen durch die Culturgesellschaften ge-sammelte Liebessteuer ergab in baar 4560 Fr. und mehrere Wagen voll Lebensmittel und Kleider. Auch die damals zu Sargans zur Unterdrückung von Unruhen stationirten Aargaui-schen Truppen sandten durch ihren Oberstlieut. Im Hof einen Beitrag von 113 Fr.

Eine Calamität, wie ihr in der ersten Hälfte des Jahrhun-derts keine andere glich, kam in den Theurungs- und Hun-gerjahren von 1816 und 1817 über das Land. Die Witte-rung von 1816 war sehr regnerisch gewesen; man zählte vom Jänner bis Ende Juni 113 Regentage, darunter 25 im Juni; manche Gegenden litten an wochenlangen Ueberschwemmungen; dabei war es kalt, denn es schneite bis in den Sommer hinein noch tief an die Berge herab. So entstanden sehr späte Ernten und allgemeiner Mißwachs; die Früchte, welche zu einiger Reife gediehen, waren kraftlos; die schwäbischen Getreidesendungen blieben aus und die eigenen Vorräthe waren seit den letzten

Kriegsjahren erschöpft; wucherischer Speculationsgeist und Für-
käuferei verschlimmerten noch das Uebel. So kam der herbe
Winter von 1816 auf 1817, der tausend arme Familien ganz
nahrungslos traf; vollends im Frühling ging der bleiche Hunger
durch's Land; viele Personen sanken vor Entkräftung nieder;
manche starben den Hungertod. Man hat bei Einigen, die
secirt wurden, nur zerkautes Gras oder Stroh im Magen gefunden. — Die Gesellschaft von Zurzach meldet folgende höchste
Lebensmittelpreise in dortiger Gegend:

Kernen, 1 Mütt, Klingnauer Maß . . Fr. 56 Rp. —
Roggen, 1 Mütt . . . . „ 44 „ —
Brod, 1 Pfd., in Klingnau . . . . „ — „ 85
Erdäpfel, 1 Viertel . . . . „ 4 „ —
Butter, 1 Pfd., in Kaiserstuhl . . . „ 1 „ 20
Milch, 1 Maß . . . . „ — „ 35
Rindfleisch, 1 Pfd., in Böbikon u. s. w. „ 4 „ —

Zu Aarau galt:

1 Viertel Kernen . . . . Fr. 14 bis 15
1 „ Roggen . . . . „ 9 „ 10
1 „ Haber . . . . „ 6 „ 7
1 Pfd. weißes Brod . . . . Bz. 5
1 „ Butter . . . . „ 7½
1 Viertel Erdäpfel . . . . Fr. 3 bis 4
1 Hühnerei auf dem Wochenmarkt . . . . Rp. 5

In dieser vieler Orts unsäglichen Noth brachten, Hand in
Hand mit der Kantonsregierung, die Culturgesellschaften freudig
die schwersten und größten Opfer, die je von ihnen gefordert
wurden. Sie führten überall in den bedrängtesten Gemeinden
Rhumford'sche Sparsuppen-Anstalten ein, schafften Frucht- und
Erdäpfelvorräthe an, und gingen überall selbst mit reichlichen
Spenden und persönlicher Hülfsthätigkeit unter eigener Entbeh-
rung voran, die Privatwohlthätigkeit Anderer anfeuernd. Es
ist unmöglich, diese Leistungen alle bis in's Einzelne zu verfolgen; aber eine Thatsache, des bleibenden Gedächtnisses würdig,
strahlt aus jenen dunkeln, kummervollen Tagen wie ein Stern:

daß je verzweiflungsvoller die allgemeine Noth ward, um so uner=
müdlicher sich die helfende Liebeskraft bewährte. — Und wie mit
der That den Nahrungslosen, so halfen die Culturgesellschaften
auch mit Rath für die Zukunft den Rathlosen. Die Verhand=
lungsblätter jener Jahre sind angefüllt mit Belehrungen über bis=
her unbenutzte Nahrungsmittel (mehr denn 25 Wald= und Feld=
kräuter, Schwämme ꝛc. wurden empfohlen), wie über den Anbau
neuer Culturpflanzen (Getreidearten, schwedische Kohlrübe, Ruta=
baja ꝛc.). Mehreres davon erwies sich freilich in der Folge als
unpraktisch, doch erwachte im Allgemeinen durch diese Nothzeit
mannigfache neue Belebung in der Landwirthschaft und in in=
dustriellen Erwerbszweigen. Die Noth hatte wieder fleißiger
arbeiten, aber auch wieder demüthiger beten gelehrt. Wie groß
war der Dank für das Erbarmen Gottes, als im Sommer
und Herbst 1817 die ersehnten reichlichern Ernten eingesammelt
werden konnten! Doch dauerten die Nachwehen noch lange;
viele Gemeinden waren in Schulden gerathen und gerade
der Mittelstand des Volkes, der am meisten gelitten hatte, weil
ihm am wenigsten geholfen worden, erholte sich nur langsam.
Zahlreiche Familien wanderten nach Nordamerika aus. Unter
der ganz armen Klasse aber hatte die ausgetheilte Sparsuppe
viele Arbeitsscheue verwöhnt, so daß nun Schaaren von unver=
schämten Bettlern durch die Städte und Dörfer zogen. Kurz,
es gab zum Rathen, Retten und Heilen noch für lange Stoff.

In den folgenden Jahren beschäftigte sich die Gesellschaft
hauptsächlich mit den aus der Theurung gewonnenen Erfah=
rungen und den Mitteln, ähnlichen Nothständen für die Zukunft
vorzubeugen. Sie machte die Regierung auf den heillosen Geld=
wucher aufmerksam, der viele arme Familien des Frickthales
völlig zu Grunde zu richten drohte; eine Reihe von Thatsachen

wurden in ihrer ganzen Scheußlichkeit aufgedeckt. Sie wirkte
fortwährend auf Hebung der Landwirthschaft hin und auf
Vermehrung des Gewerbfleißes, z. B. auf inländische Bereitung
des Habermehles, auf Fabrikation der Rübeli, Halbleinen und
Elbtücher im Lande u. s. w. Vielfach wurden auch die Mittel,

die Armenunterstützung zweckmäßiger einzurichten, berathen. Es wurden viele durchdachte Vorschläge vorgelegt; am meisten gewannen diejenigen Beifall, welche dahin gingen, den verarmenden Haushaltungen eine innere, sittliche Kraft zu ertheilen, sich selbst zu helfen. Dazu erschien am zweckmäßigsten Verbesserung der Schulen; und was die Gesellschaft hiefür thun konnte, that sie, namentlich durch immer neue Gründungen von Arbeitsschulen für Mädchen, deren Zahl sich in den meisten Bezirken von Jahr zu Jahr mehrten.

Eine lebhafte Theilnahme erregte wie durch ganz Europa, so auch im Aargau, der Freiheitskampf der Griechen gegen die Oberherrschaft der Türken in den Jahren 1821 bis 1828. Im J. 1822 kamen 162 griechische Flüchtlinge nach der Schweiz, wo sie mehrere Monate liegen bleiben mußten, weil ihnen die französische Polizei den Durchpaß nach Frankreich anfänglich verweigerte. Zu ihrer Unterstützung bildeten sich bei uns allwärts Griechenvereine, an deren Spitze der Central-Hülfsverein in Zürich trat. Dreißig dieser Flüchtlinge erhielten Aufnahme im Aargau und wurden hier 6 bis 7 Monate lang beherbergt, gespeist und gekleidet. Die Culturgesellschaft nahm sich ihrer sehr thätig an und sammelte theils für ihren Unterhalt, theils für ihre Weiterreise nach Marseille, die ihnen erst nach kräftiger Verwendung des eidgenössischen Vororts vom französischen Ministerium bewilligt wurde. Für die Griechenhülfe hatte namentlich bei der Versammlung in Schinznach im J. 1822 Pfarrer Schuler, Präsident der Bezirksgesellschaft Brugg, begeisternd gesprochen. Er schilderte das Freiheitsglück des Aargau's und beklagte dann tief das von allen europäischen Mächten verlassene Griechenland in seinem Blutkampfe gegen die Barbarei und Gewaltherrschaft der Osmanen. Er erinnerte, wie wir den Vorvätern dieser Nation einen großen Theil unserer Bildung und geistigen Freiheit zu danken haben, und zeigte, wie es der Schweiz heilige Pflicht sei, Hülfsopfer zu bringen, da wir sonst ohne Erröthen die Dankfeste auf den Schlachtfeldern von Sempach und Näfels nicht mehr begehen könnten.

Die Summe der bei dieser ersten Sammlung im Aargau eingegangenen Griechensteuer betrug 3751 Fr. 49 Rp.

Im Jahre 1826 erschütterte die Kunde von den Gräueln in Peloponnes, auf der Insel Cypern und dem weiland blühenden Chios, wo blutige Leichenfelder zwischen verbrannten Dörfern lagen, und ganz besonders die Nachricht vom Falle Missolunghi's, eines der stärksten Bollwerke des für seine Freiheit ringenden Volkes, ganz Europa. Von Neuem und noch in ausgedehnterm Maße als früher bildeten sich nun wieder in allen Schweizerstädten Griechenvereine und so auch durch die Culturgesellschaft in den Städten des Aargau's. Hier trat Oberamtmann Friedr. Frey von Aarau an die Spitze. Gegen das Jahresende betrugen die Einnahmen schon die Summe von über Fr. 9000, die sich später noch durch einzelne Beiträge vermehrte. Ein edler, reicher Schweizer, Eynard von Genf, welcher schon 50,000 Livres aus eigenem Gut für die heilige Sache geopfert hatte, erbot sich zum Empfange der Hülfsgelder aus dem ganzen Welttheile. Nach Eynards veröffentlichter Rechenschaft lieferte ihm die Schweiz franz. Livres 108,158. 69 Cts. ab, die für Munition, Waffen und Lebensmittel verwendet, dem bedrängten Heldenvolke zugeführt wurden. — Die Geschichte lehrt uns, daß diese große und vordem nie in so weiter Ausdehnung in fast allen Ländern des Welttheils zusammengetragene Liebessteuer keineswegs nur eine That gewöhnlicher Barmherzigkeit war, sondern eine Huldigung, welche die Völker gegenüber den Fürsten und Regierungen der Freiheit brachten; und so galt sie auch im Aargau als ein Volksgericht über das scheue Rathsherrenthum, welches sich so unschweizerisch vor den ausländischen Grundsätzen der Legitimität buckte.

Vielfach kam in jenen Zwanzigerjahren auch die innere Unfreiheit zur Sprache, in welcher der Volksgeist, zumal der Landleute, noch in Aberglauben gebunden war. Die Zeit, wo Schatzgräber, Bergspiegelführer, Gold- und Diamanten-Propheten, Kartenschläger und Quacksalber ihr Unwesen trieben, war noch lange nicht vorüber. Aus allen Bezirken gingen Beiträge zur

Statistik des Aberglaubens ein und ein Feldzug ward von der Gesellschaft gegen die noch so feste Burg dieses finstern Unholds gerichtet. Nach mannigfachen und langen Berathungen gerieth man auf den Gedanken, einen verbesserten Volkskalender herauszugeben, denn der Kalender war ja neben dem Gebetbuche fast noch das Einzige, was der Landmann las. Schon in den Jahren 1805 bis 1808 hatte der Schweizerbote ein solches Unternehmen bahnbrechend begonnen. Nun im Jahr 1825 nahm man den Gedanken wieder auf. Es erschien der „Nützliche Hülfs- Noth- Haus- und Wirthschaftskalender des aufrichtigen und wohlerfahrenen Schweizerboten" in 32,000 Exemplaren gedruckt und von den Bezirksgesellschaften eifrig verbreitet. Darin war mit ächtem Volkswitze und jener schwankhaften Ironie, womit der Ungebildete am ersten gepackt werden kann, den alten, seit Jahrhundert gültigen Kalender-Rubriken ein ganz veränderter Gehalt gegeben. Statt der bisherigen ärgerlichen Prophezeiungen unter den Bildern des Thierkreises hieß es nun z. B.: „Kindlein, in der Jungfrau geboren, haben im Alter von zwanzig Jahren als Knaben fast immer eine Jungfrau im Kopfe und als Jungfrau den Wunsch, bald Frauen zu werden. Das ist eine unvermeidliche Folge ihres Zeichens." — statt der bisherigen oft unheilvollen Deutungen der astrologischen Zeichen stand nun: „Gut reinlich sein; gut Sünden bereuen; bös Hauskreuz haben; bös über den Durst trinken; gut Nägel beschneiden; gut beten und arbeiten", u. s. w., und das altgewohnte Aderlaßmännlein mußte zur Warnung dienen: „Wenn du dich satt essen willst, so nimm Brod und Erdäpfel, aber keine Kieselsteine; und wenn du glaubst, Aderlassen zu müssen, so frage einen rechtschaffenen, gelehrten Arzt, aber kein Aderlaßmännlein, keinen Quacksalber, kein altes Weib." Auch der übrige Theil war mit nützlichem Inhalt von Vaterlandsgeschichte, Belehrungen über Natur u. dgl. gefüllt. Daß mit diesem Kalender, der manches Jahr fortdauerte, eine weite Bresche im Volksaberglauben geschossen wurde, ist unzweifelhaft; Andere folgten nachmals bei

Herausgabe von Kalendern mit mehr oder weniger Glück dem gegebenen Beispiele.

Die Angelegenheit der Heimathlosen war um diese Zeit ein vielbesprochenes Traktandum der Gesellschaft. Diese bedauernswerthe Menschenklasse bestand aus Nachkommen ehemaliger Zigeuner, Deserteurs, aus andern Ländern geflohener Verbrecher und Convertiten, welche als Kesselflicker, Schaftheuverkäufer u. s. w. das Land durchstreiften, überall verstoßen, ohne einen Ort, da sie ihr Haupt hinlegen konnten; sie waren die Parias der bürgerlichen Gesellschaft in dem sonst glücklichsten Ländchen der Welt. Unter sich führten sie eine besondere Gaunersprache; wo sie sich aufhielten, war Unsicherheit der Felber und abgelegenen Wohnungen. Schon öfter hatten sich die Tagsatzungen mit Vorschlägen zur Abhülfe fruchtlos beschäftigt; es fehlte an Uebereinstimmung und an Geldmitteln. Da ging im Februar 1827 ein Aufruf des Oberstl. Friedrich Hünerwadel von Lenzburg an die Culturgesellschaft aus: „Lasset uns der Heimathlosen gedenken, auf daß sie Theil nehmen an unserm Glücke und ihr Vergehen uns nicht länger Sünde sei!" Der Anstoß war damit gegeben; das einzig sichere Mittel blieb, die Hülfelosen einzubürgern, um sie an eine Heimath und feste Ordnung zu fesseln. Unterzeichnungen wöchentlicher Beiträge von nicht höher als einem Batzen, nicht minder als einem halben Batzen wurden allwärts begonnen. Es ergab sich nach vorgenommener Zählung eine Gesammtzahl von 437 heimathloser Personen im Kantone, darunter 28 Familien von „Gaunern". Bald konnte man die Einbürgerung mehrerer Familien bewerkstelligen. Dabei wurde nicht versäumt, alle Mittel in Bewegung zu setzen, um die Behörden des Kantons und der Eidgenossenschaft zur Mithülfe zu gewinnen. Das unermüdliche Anpochen der Aargauischen Culturgesellschaft öffnete die Thüren der Rathsäle und der Herzen nach und nach zu immer willigerm Gehör. Die Hülfe für die Heimathlosen ward eidgenössische Angelegenheit und wenn sie auch erst im Laufe der Jahre zur völligen, gesetzlichen Erledigung gedieh, so freuen wir uns doch

heute der Thatsache, daß innert den Grenzen des Vaterlandes
Keiner mehr sei, der nicht eine Heimath sein nennen könnte; ja
es ist auch Vorsorge getroffen, daß jener Krebsschaden voriger
Jahrhunderte sich nie mehr bei uns wieder einfressen kann.

Der Versuch, einen Versicherungsverein gegen Hagel=
schaden in's Leben zu fördern, gelang nicht vollständig, so lange
er nur auf den eigenen Kanton beschränkt blieb. Erst als im
J. 1825 die ökonomische Gesellschaft von Bern zur Verbindung
mit der von ihr gegründeten Assecuranz einlud und auch die
Aargauische Regierung dieser Sache ihre Fürsorge weihte, er=
freute sich die den Landwirthen so heilbringende Stiftung zur
Sicherung der Ernten allgemeiner Theilnahme. Eine Versamm=
lung von Abgeordneten trat unter Vorsitz von Lerber von
Arner zu Bern den 11. Febr. 1826 zur Feststellung der Sta=
tuten zusammen und machte so den Anfang zu dem jetzt noch
bestehenden Schweizerischen Vereine.

Ebenso gedieh um diese Zeit die Gründung einer Gesellschaft
zu gegenseitiger Versicherung des Mobiliars gegen
Brandschaden in Verbindung mit andern Kantonen, nachdem
sie bei uns längst angeregt worden, auf einer zu Aarau den
15. Juni 1827 gehaltenen allgemeinen Versammlung. Die
Hauptverwaltung behielt ihren Sitz in Bern, von wo die Ein=
ladung ausgegangen war. Im Aargau wurde Friedr. Feer
von Aarau erstmaliger Präsident der kantonalen Abtheilung.

Noch wäre hier Viel über Besprechungen zu melden, die in
Betreff des Armenwesens und zumal zu stiftender landwirth=
schaftlicher Armenschulen sowohl in zahlreichen Sitzungen der
Bezirksvereine als an den Tagen von Schinznach vorkamen.
Indessen dienten sie jetzt noch mehr zur Klärung der Begriffe,
als daß sie in dieser Periode schon zu thatsächlichen Erfolgen
geführt hätten.

Wir wenden uns zur Berichterstattung über die Einzelver=
handlungen der Bezirksgesellschaften, die wir in gewohnter
alphabetischer Folge die Musterung passiren lassen.

Aarau, das, wie schon erwähnt, im ganzen Zeitraume von

1814 bis 1830 den geschäftsleitenden Ausschuß bildete, gab auch, als Centralpunkt der ganzen Gesellschaftsthätigkeit, zu den meisten allgemeinen Unternehmungen den Anstoß. Während der regelmäßigen und fleißig besuchten Wochensitzungen nun, in einem obern Saale des Zschokke'schen Hauses auf dem „Rain" abgehalten, wurden die nach allen Richtungen auslaufenden Faden fest in der Hand behalten. Daneben gewährten die Berichterstattungen der historischen, der naturforschenden und der Classe für Gewerb und Wohlstand und außerdem die Sorge für locale Einrichtungen unerschöpflichen Stoff der Thätigkeit.

Den 2. December 1815 ward eine Pflegeanstalt für kranke Kinder armer Aeltern gegründet. Es wurden dabei namentlich Knaben und Mädchen berücksichtigt, die sonst, entfernt von ärztlicher Hülfe, unter ungünstigen häuslichen Verhältnissen einem traurigen Siechthum verfallen wären. Epilepsie, Blindheit, Taubheit waren die Uebel der Meisten. Dr. Trorler und, nachdem er Aarau für mehrere Jahre verlassen hatte, die Aerzte Heinrich Schmuziger und Carl Feer übernahmen unentgeldlich die Besorgung. Die nöthigen Geldmittel dazu wurden durch Beiträge von Aarau — auch durch die Gastmahlsteuer in Schinznach — aufgebracht. Die Kosten eines Jahres betrugen 1100 Fr. Außerdem waren Bettzeug, Kleider, Leinenzeug und Badewannen beigesteuert worden. Leider konnte diese wohlthätige Anstalt unter dem Drucke der Zeiten im Hungerjahre 1817 nicht mehr fortbestehen und ward nach fünfzehnmonatlicher Dauer wieder aufgehoben.

Die nach jenem Jahre des Elends massenhaft vorkommenden Auswanderungen nach Amerika erregten die lebhafte Theilnahme der Gesellschaft, und wenn sie von ihr auch nicht gehindert werden konnten, so gab sie doch den scheidenden Landsleuten ihren Rath mit, zumal durch den Schweizerboten und eigens gedruckte Anweisungen für die Reise in die neue Welt, wie auch die That persönlicher und pecuniärer Verwendungen.

Von den Neujahrsblättern der historischen Klasse habe ich schon oben gemeldet. Ihnen folgte nun noch im Jahre 1819 eine von der naturforschenden Klasse herausgegebene „Uebersicht der einfachen Mineralien". — Ein Wahrzeichen der lichtscheuen Zeit war es, daß der Kantonsschulrath die „Geschichte des Aargau's", die ihm in einer hinreichenden Anzahl von Exemplaren zur Vertheilung an sämmtliche Dorfschulen des Kantons übersendet worden waren, diese gefährliche Mittheilung entschieden verweigerte und jene Blätter höchstens nur den Secundarschulen zukommen ließ.

Eine willkommenere Gabe dagegen waren die „Christlichen Lieder zur Erweckung des heiligen Sinnes", worin eine sorgfältige Auswahl der schönsten alten Kirchengesänge in Noten gesammelt war. Der Schullehrer Hunziker erstellte auf Antrieb der Gesellschaft eine eigene Notendruckerei dafür. Die Auflage bestand in 2500 Exemplaren, die unter Genehmigung des katholischen und des reformirten Kirchenrathes, wie des Kantonsschulrathes, unentgeldlich allen Schulen abgegeben wurden. Besonders erfreute man sich dieser Gabe in den reformirten Bezirken, wo sich dadurch ein besserer Gesang bei der Feier des öffentlichen Gottesdienstes statt der bisherigen vielfach unschönen und geschmacklosen Psalmgesänge anbahnte. Im Jahre 1844 folgte dann, vom reformirten Kirchenrathe veranstaltet, die Herausgabe eines neuen Kirchengesangbuches für die reformirte Kirche des Aargau's, um welches sich Abraham Emanuel Fröhlich große Verdienste erwarb.

Nicht mindern Erfolg hatten die oft während jener Zeit vorkommenden Berathungen über Einführung edler Nationalfeste in der Schweiz. Wenn auch nicht unmittelbar, so doch unstreitig durch die im Schoose der Gesellschaft besprochenen Ideen angeregt, gingen von Aarau und dem Aargau drei Vereine mit festlichen Jahreszusammenkünften aus, die noch heute helle Lichtpunkte im schweizerischen Nationalleben bilden: erstens die eidgenössischen Freischießen im Jahre 1824, hauptsächlich durch den Schützenmeister Schmid-Guiot von Aarau, zweitens der schweizerische Turnverein im Jänner 1832 durch eine Verbindung von Kantonsschülern von Aarau,

an ihrer Spitze Friedrich Schmid von Mörikon, und drittens
der schweizerische Sängerverein im Jahre 1842 zu Aarau
hauptsächlich durch Dr. Joseph Wieland, Aargauischem Re=
gierungsrathe, gestiftet.

Ueber die damals neue Erfindung von Aloys Sennfelder
in München — die Steindruckerei — ließ sich die Gesell=
schaft die besten Werke kommen, um sich mit den Geheimnissen
der Kunst bekannt zu machen, und veranlaßte den Zeichnungs=
lehrer Belliger in Aarau zu einem Versuch. Die Erstlings=
proben seiner Werkstätte, ein Lied im Notendrucke und sonstige
Lithographien, wurden bei der Versammlung in Schinznach im
Jahre 1819 zu allgemeinem Beifall und späterer Nacheiferung
Anderer vorgelegt.

Einer der schönsten Aussichtspunkte im Aargau, der Gipfel der
Gislafluh, wurde im gleichen Jahre 1819 durch bequemere
Zugänge, durch Einhauen einer Brustwehr in den lebendigen Fels
und durch Anbringung von Ruhebänken besuchbarer hergerichtet.
Vergnügen, das man Andern bereitet, ist auch eine Wohlthat und
Freude an Naturgenuß immer ein Zeichen steigender Civilisation.

Ein längst gehegter Wunsch, dessen Ausführung aber wegen
Ungunst der Zeit stets wieder verschoben worden, ging im Jahre
1819 in Erfüllung: die Errichtung einer Aargauischen
Wittwen= und Waisen=Pensions=Anstalt, wodurch den
Bürgern die Möglichkeit gewährt werden sollte, im Falle des
Todes den nachgelassenen Wittwen oder minderjährigen Waisen
einen lebenslänglichen Jahresgehalt zu sichern. Die ersten Sta=
tuten bestimmten, daß jeder Theilnehmer eine Einkaufs=Actie
von Fr. 40, wozu dann noch bestimmte Alterszulagen kamen,
zu nehmen und ein jährliches Unterhaltungsgeld von Fr. 8 zu
bezahlen habe. Diese Gelder sollten den Kapitalstock bilden.
Im Falle aber Pensionen auszurichten wären, sollten diese theils
aus den Zinsen des Capitalvermögens, theils aus den Unter=
haltungsgeldern, dividirt durch die Zahl der Pensionsberechtigten,
bestehen. Die Verwaltung und eine Aufsichtscommission wurden
bestellt; erster Präsident war Oberst von Schmiel. In wich=

tigen Fällen wurde eine Generalversammlung aller Theilnehmer berufen. So trat die Anstalt in's Leben. Die erste Jahresrechnung von 1820 weist ein Einnehmen von 19 Mitgliedern im Betrage von 1040 Fr. auf. Da die Mitgliederzahl bald bis zu 40 stieg, und Anfangs keine oder nur wenige Wittwen zu pensioniren waren, schien die Stiftung einen gedeihlichen Aufschwung zu nehmen. Doch betrug zehn Jahre später (1830) das Capitalvermögen erst Fr. 3009. 25. Die Mitgliederzahl war auf 41 stehen geblieben; Pensionen wurden an zwei Wittwen zu je Fr. 205 ausbezahlt.

Noch zehn Jahre später (1840):

Capitalvermögen Fr. 3918. 40.

Mitgliederzahl 40.

12 Wittwen, jede mit Fr. 36 pensionirt.

Abermals zehn Jahre später (1850):

Capitalvermögen Fr. 5458. 50.

Mitgliederzahl 31.

11 Wittwen mit je Fr. 30 pensionirt.

Vergeblich hatte die Gesellschaft durch Aenderung der Statuten in den Jahren 1827, 1844 und 1854, sowie durch wiederholte Aufrufe an's Publikum größere Betheiligung erstrebt. Alles dies blieb ohne größern Erfolg. Da endlich nur noch 20 beitragende Mitglieder übrig blieben, mußte ernstlich an Liquidation gedacht werden, so sehr dies auch schmerzte. Im November 1854 ward der förmliche Beschluß dazu gefaßt. Nach demselben erhielten sämmtliche beitragende Mitglieder ihre Einlagen, sowohl Einkaufs- als Unterhaltungsgelder wieder zurück, jedoch ohne Zins. Diejenigen Wittwen, welche noch nicht so viel an Pensionen bezogen hatten, als die Einlagen ihrer Männer betrugen, erhielten dieses Betreffniß und sodann wurde der Rest des noch vorhandenen Capitalvermögens (Fr. 8724. 84 Rp. n. W.) an alle Wittwen gleichmäßig vertheilt. Das war nach 36jährigem Bestehen das Ende einer Stiftung, die bei größerer Theilnahme weit wohlthätiger hätte wirken können und es blieb ihren Vorstehern, die mit so viel Hingebung an ihrem Gedeihen gearbeitet hatten, der einzige Trost, daß doch nicht Alles unnütz gewesen, ja daß einer nicht geringen Zahl von zum Theil mittellosen Wittfrauen ansehnliche Aushülfe geleistet worden sei.

In Kürze sei hier angeführt, daß der Gesundheitsstand des Volks öfter die Aufmerksamkeit der Gesellschaft auf sich zog. Zumal der Aufenthalt und die Arbeit so vieler Bewohner der westlichen Bezirke in dumpfen Webekellern schien verderblich. Statistische Aufnahmen bei Solchen, die in den Militärdienst traten, zeigten, daß die Weber an gesunder Kraft des Körpers und an Arbeitsfähigkeit den Landbauern weit nachstanden. Auch eingeholte ärztliche Gutachten bestätigten diese Erfahrung.

Sodann gab auch die weite Verbreitung des Gebrauchs gebrannter Wasser, die zum Theil der Gesundheit nachtheilig fabricirt waren, Stoff zu mannigfachen Besprechungen. Es fehlte nicht an Eingaben an die Behörden mit der Bitte um geeignete Abhülfe des Uebels und an Belehrungen des Volkes. Zschokke's „Branntweinpest, eine Trauergeschichte zur Warnung für Reich und Arm, Alt und Jung", war späterhin eine Frucht davon. Sie wurde in mehreren tausend Exemplaren durch die Gesellschaft im Lande verbreitet.

Wohl aber eine der wohlthätigsten und folgereichsten, aber auch am meisten angefochtenen Schöpfung des Aarauer-Vereins war der bürgerliche Lehrverein. *) Schon früh erwachte der Gedanke, im Aargau eine Schaar von jungen Männern zu Streitern der Volksfreiheit und des Lichts gegen das Verdunkelungssystem der Restaurationsperiode heranzubilden. Die Gründung selbst fiel in's Jahr 1819. Es galt, besonders solche Zöglinge, denen die Verhältnisse keine Universitätsstudien gestatteten,

---

*) Vergl. die höchst anerkennenswerthe Schrift: „Der Lehrverein zu Aarau. Beitrag zur Geschichte des schweizerischen Unterrichts- und Erziehungswesens von Seminardirector J. Kettiger," Separatabdruck aus dem Programm des Aargauischen Lehrerseminars in Wettingen vom Jahre 1858, „den ehemaligen Genossen des Lehrvereins zur freundlichen Erinnerung an Aarau."

zu geistiger Selbstständigkeit zu heben und sie für's öffentliche Leben der Republik tüchtig zu machen. Es sollte eine schweizerische Hochschule ganz eigenthümlicher Art werden, ohne Facultäten und nicht für Gelehrte von Fach. Die erste, gedruckte „Nachricht" spricht sich darüber also aus: „In unsern Tagen hat der Landwirth, der Handwerker, der Kauf= und Geschäftsmann, will er seinen Beruf recht treiben, oder will er, um mit Andern gleichen Schritt zu halten, sein Gewerbe nur einigermaßen vervollkommnen, mehr Bildung und Kenntniß nöthig, als ehemals von ihm verlangt wurde; nicht einmal zu gedenken, daß bei der Verfassung unseres Freistaates jeder Bürger früher oder später in öffentliche Aemter gewählt oder berufen werden kann, in denen er ohne einige Vorbildung seine Pflichten im ganzen Umfange zu erfüllen nicht im Stande ist. — In unserm Kanton selbst aber fehlt es bis jetzt noch an einem öffentlichen Institute, welches diese Lücke ausfüllt. Dieß hat einige Particulare auf den Gedanken gebracht, das Fehlende durch unentgeldlichen Privatunterricht zu ersetzen und jedem jungen Manne aus dem Kanton Aargau freien Zutritt zu gestatten."

Die Männer, welche sich in so uneigennütziger Weise am Unterricht betheiligten, waren anfänglich Heinrich Zschokke, der katholische Stadtpfarrer Bock, Registrator Jäger, Wolfgang Menzel, damals Bezirksschullehrer in Aarau, jetzt Redactor des Litteraturblattes in Stuttgart, Forstinspector Gehret, Professor Xaver Bronner, Lehrer Gottlieb Hagnauer, Advocat Joh. Rud. Tanner, Pfarrhelfer Wanger u. A.

Als Gegenstände des Unterrichts wurden in der ersten Ankündigung vom 2. September 1819 folgende bezeichnet:

1. Geschichte der Schweizerischen Eidgenossenschaft.
2. Naturrecht und Kenntniß der vaterländischen Gesetze.
3. Staatswissenschaft oder Lehre von Eintheilung, Benutzung und Verbesserung der Landeskräfte, wobei auch Statistik der Schweiz, Anweisung zur Kenntniß des Bergbau's und zu zweckmäßiger Behandlung der Wälder vorgetragen wurde.

4

4. Polizeiwissenschaft, eine Belehrung über die vorzüglich=
   sten in= und ausländischen Armen=, Kranken=, Arbeits=,
   Zucht=, Feuerversicherungs= und andern Anstalten zur
   Förderung des öffentlichen Wohls.
5. Kriegswissenschaft, Anleitung in den wesentlichsten Vor=
   kenntnissen zu Militärstellen. (Wurde nicht vorgetragen.)
6. Uebung in Abfassung schriftlicher, wie auch im Halten
   mündlicher Vorträge.
7. Grundsätze des Landstraßen= und Wasserbau's mit Uebung
   im architektonischen Zeichnen.
8. Grundlehren der Chemie.
9. Mineralogie.
10. Hauptgrundsätze der Mechanik.
11. Meßkunst mit praktischer Anleitung.
12. Zeichnungskunst.

Als Bedingungen zur Aufnahme galten: das 18te Altersjahr
und die nöthigen Vorkenntnisse in den Elementarfächern. Jeder
Zögling mußte wenigstens drei Vorträge besuchen. Von wohl=
thätigen Familien Aarau's wurden für dürftige Zöglinge mehrere
Freiplätze in Kosthäusern gestiftet. Der Unterricht war, wie
schon bemerkt, ganz unentgeldlich. Als Auditorium wurde der
Versammlungssaal der Culturgesellschaft auf dem „Rain" be=
stimmt, jener Saal, worin auf erhabenen Postamenten die Büsten
von Albrecht Haller, Joh. von Müller, Vater Rudolf Meyer
und Pestalozzi als Vorbilder heiliger Nachahmung standen. Der
Unterricht geschah in den ersten vier Jahren nur während des
Winters.

Gleich nach der ersten Ankündigung meldeten sich 40 Jüng=
linge und junge Männer von 19 bis 30 Jahren aus beinahe
allen Bezirken des Kantons, mit denen sofort der Curs fröh=
lich begonnen und bis zum März 1820 ohne Unterbrechung
fortgeführt wurde. H. R. Sauerländer schenkte die Meisten
seiner Verlagswerke, die durch andere werthvolle Gaben ver=
mehrt, die erste Grundlage einer Bibliothek bildeten, welche
fortan fleißig benutzt wurde. Das sittliche Betragen, sowie der

regsame Fleiß der Genossen empfingen nach Ablauf des Winters
ein allgemein ehrenvolles Zeugniß. Vor dem Schlusse jedes
Semesters wurde von den Lehrern eine Prüfung über die vor-
getragenen Fächer angestellt. Am Schlusse selbst, sowie bei der
Eröffnung jedes Curses, fand jedesmal eine Feierlichkeit statt,
wobei der Präsident der Direction eine Ansprache hielt und gewöhnlich auch einer der Zöglinge dankend erwiderte.

- In ähnlicher Weise wie im ersten wurde der Unterricht auch
in den drei folgenden Wintern fortgesetzt, während welcher Zeit
die Anstalt von 126 Genossen besucht wurde. Mit dem Herbste
1823/24 trat dann eine wichtige Erweiterung derselben ein, indem nicht nur der Besuch auch für wißbegierige Jünglinge anderer
Kantone eröffnet, sondern eine neue ausgezeichnete Lehrkraft ge-
wonnen und mit ihr die Möglichkeit gegeben wurde, der Anstalt
eine höhere, wissenschaftliche Bedeutung zu verleihen. Es über-
siedelte nämlich zu jener Zeit Dr. P. B. Trorler, der kühne
Zeuge für Freiheit und Wahrheit, welcher von dem Rathe von
Luzern wegen Uebersetzung und Herausgabe der Schrift des
Engländer Milton: „Fürst und Volk," seiner Stelle als Professor am dortigen Lyceum entsetzt worden war, wieder nach
Aarau und übernahm hier die Oberleitung des Lehrvereins.
Der Lectionskatalog vermehrte sich nun mit einigen philosophi-
schen Vorträgen, namentlich Logik, Anthropologie, Metaphysik,
welche Dr. Trorler hielt, sowie mit andern wissenschaftlichen
Fächern und dem Lesen lateinischer und griechischer Classiker.
Der Curs, bisher nur auf die Winterhalbjahre beschränkt,
dauerte von jetzt an das ganze Jahr hindurch, mit Ausnahme
zweimonatlicher Ferien. Auch wurde, da die Unkosten der Anstalt sich vermehrten, vermöglichern Genossen die Bezahlung
eines Betrages von Fr. 8 im Semester zur Bedingung gemacht;
im Uebrigen bestand die anfängliche Einrichtung fort. Vorträge
hielten außer den früher genannten Männern und Dr. Trorler
im Laufe der folgenden sechs Jahre: Thierarzt Rychner, nachher Professor der Thierarzneischule in Bern, Seminardirector
Nabholz, Ingenieur Strauß, Registrator Jäger, Professor

Kaiser, Dr. Mönnich, Professor Oehler, Provisor Asch=
bach, später Lehrer an der Gewerbschule, Dr. Haßler, Pro=
fessor Ryß, Lehrer Halby und selbst mehrere ältere Kantons=
schüler und Candidaten des Lehr= oder Predigeramtes, welche
hier ihren ersten Flug auf das Gebiet der Lehrthätigkeit machten.
Jn dieser zweiten Periode besuchten die Anstalt 174 Ge=
nossen (wobei die 126 der ersten Periode nicht mitgerechnet sind)
den Lehrverein und zwar aus den Kantonen Aargau 88, Zürich 3,
Bern 6, Luzern 9, Schwyz 3, Unterwalden 1, Glarus 9, Frei=
burg 3, Solothurn 6, Basel 5, St. Gallen 19, Schaffhausen 2,
Appenzell 1, Graubünden 6, Thurgau 4, Waadt 2, nebst 7
Ausländern. Jn jedem Semester hospitirten auch einzelne Schüler
der Kantons= und Gewerbschule.

Der Unterricht war meist in hohem Grade anregend und
zum Selbstdenken auffordernd. Er wirkte zugleich veredelnd
auf das Gemüth der Hörer, zumal es sich die Lehrer ange=
legen sein ließen, im Geiste der Anstalt nach höhern Zielen
hinzuwirken, den Sinn für Recht und Wahrheit, für Freiheit,
ächte Religiosität und Sittlichkeit unter den jungen Leuten be=
geisternd zu wecken. Das that zumal Dr. Troxler auch durch
die trefflichen Abhandlungen, welche er mit den jährlichen „An=
zeigen" herausgab und die sämmtlich den Verhandlungsblättern
der Culturgesellschaft beigedruckt sind; Abhandlungen, welche dem
denkenden Schulmanne noch jetzt von höchstem Jnteresse bleiben.
Unter den Genossen selbst wehte ein wissenschaftlicher Geist, der
sich in ihrem ganzen Leben und Streben kund gab. Manche
derselben gingen später auf Hochschulen, wobei ihnen die Ab=
gangszeugnisse vom Lehrverein als testimonia maturitatis galten.
Und welche Tüchtigkeit für's Leben sie überhaupt aus jener
segensreichen Stiftung mitnahmen, beweist die Thatsache, daß
eine sehr große Zahl ehemaliger Lehrvereinler in den folgenden
Dreißiger Jahren, die Volksbewegungen leitend, zur politischen
Wiedergeburt ihrer Kantone wesentlich mithalfen und zum Theil
in Aemtern des Staats und der Gemeinde bis zur Stunde noch
hervorragende Wirksamkeit üben. Doch gerade der freiere Geist,

welcher vom Lehrverein ausging, hatte ihm, zumal im Anfange, mancherlei Anfechtung und Verläſterung zugezogen. Die Scher= gen der heiligen Allianz fühlten wohl, daß es ſich hier um einen ernſten Angriff wider ihr ganzes Syſtem handle und wehrten ſich eifrig, wiewohl fruchtlos, dagegen. Der Lehrverein beſtand 10 Jahre ungeſtört fort und ſchloß erſt im Augen= blicke, als die Stunde des großen Umſchwunges in der Schweiz ſelbſt ſchlug.

Sein Aufhören mit dem Semeſter 1829/30 hatte zum Theil Grund in den nun folgenden politiſchen Bewegungen. Dazu kam noch, daß Dr. Trorler um dieſe Zeit einem Rufe an die Univerſität Baſel folgte und daß die im Jahre 1827 zu Aarau gegründete Gewerbſchule das Beſtehen des Lehrvereins weniger dringend machte.

Kettiger widmet in ſeiner oben erwähnten Denkſchrift den Männern, welche mit ſolcher Hingebung und Ausdauer frei= willig und unentgeldlich ein ſo ſchönes Beiſpiel gemeinnütziger Thätigkeit gegeben, namentlich den unvergeßlichen Vorſtehern der Anſtalt: Vater Heinrich Zſchokke und Dr. Trorler, Jenem als „Gründer und Seele des Unternehmens“, Letzterm als dem „Philoſophen der Schule“ einen warmen Nachruf, den er ſchließt: „Ihre Namen ſtehen im Himmel geſchrieben!“

Zum Schluſſe der Leiſtungen von Aarau gekommen, kann ich nicht umhin, auch noch ausdrücklich jener großartigen Stif= tung zu erwähnen, die zwar nicht unmittelbar aus der Geſell= ſchaft ſelbſt, aber doch aus ihrem Ideenkreiſe hervorging und von Zweien ihrer Mitglieder herrührt — der Stiftung der Gewerbſchule in Aarau, für deren Fondirung Oberſt Jo= hann Georg Hunziker im J. 1827 und ſpäter im J. 1835 bei Vereinigung der Anſtalt mit der Kantonsſchule im Ganzen 100,000 Fr. vergabte, und Major Carl Heroſe von Aarau ebenfalls im J. 1827 25,000 Fr. ſchenkte. Wo von Aargaui= ſcher Gemeinnützigkeit die Rede iſt, gebührt dieſer wahrhaft fürſtlichen Großherzigkeit einer Ehrenmeldung zu bleibendem Gedächtniſſe!

Baden. Schon am 9. October 1811 traten im Pfarr= hause zu Birmenstorf drei Männer zusammen, Pfarrer Koch, Pfarrer Linsenmann und Forstinspector Anner, um die Gründung einer Culturgesellschaft für den Bezirk zu berathen. Jedoch constituirte sich dieselbe förmlich erst im Anfange 1815 unter Vorsitz von Pfarrer Koch. Der Verein beschäftigte sich auf Anregung von Aarau her mit Zusammenstellung von Kunst= erzeugnissen im Bezirk, und behandelte sodann die wichtigen Fragen der Beseitigung des Landbettels, der Abkürzung des Proceßganges, besonders einläßlich aber die Bienenzucht. Pfarrer Stierli in Wohlenschwyl machte sich anheischig, eine „Anleitung zur Bienenzucht für das liebe Landvolk" zu schreiben, welche manche treffliche Beobachtungen enthielt. Ebenso wandte sie der Sennerei und Käsefabrikation am Lägerberge (Ehrendingen) ihre ermunternde Aufmerksamkeit zu. — Von 1816 an fanden fast alle Sitzungen auf dem Landhause Marly bei Baden statt, wo manche gemüthliche Stunde zugebracht wurde. Die Versuche zur Gründung einer Lesegesellschaft scheiterten, weil, wie sich der damalige Berichterstatter ausdrückt: „zu wenig Subjecte sich in Baden vorfinden, die für Lectüre und Geistescultur Empfänglichkeit äußern." Auch die Einführung von weiblichen Arbeitsschulen fand anfänglich viel Widerstand; doch gediehen solche Anstalten zu Birmenstorf und Regensdorf. — Die Fehl= jahre 1816 und 1817 mit ihren trüben Folgen, der Bettelei und der Auswanderung nach Amerika, beschäftigten die Gesell= schaft vielfach bei ihren Zusammenkünften. Caplan Stockmann gab eine Uebersicht des Armenwesens, welche helles Licht über die damaligen Zustände verbreitete. — Im Jahre 1818 erregten die Verhandlungen über die Ersparnißcassen von Würenlos und Ehrendingen das meiste Interesse. Ueber Erstere erstattete Ammann Moser einen Bericht, worin er neben dem hohen sittlichen Zwecke dieser Gründung auch namentlich das That= sächliche hervorhob, daß durch die Sparcasse allmälig dem Un= wesen des jüdischen Wuchers gesteuert werde. Diese Juden hätten durch ihr angemaßtes Monopol in Betreff der liegenden

Güter im Zeitraume von 16 Jahren, ohne die Vortheile ge=
heimer Verträge mitzurechnen, mehr als 25,000 Fr. aus der
Gemeinde Würenlos davongetragen. Nun aber seit dem noch
nicht zweijährigen Bestehen der Sparcasse seien durch wöchent=
liches Einlegen von 4 Batzen 406 Mitglieder schon zu einem erkleck=
lichen Gewinne über ihre Einlagen hinaus gelangt und manchem
Gemeindsgenossen könne überdies in Nothfällen aus der Casse
geholfen werden.

Nachdem 1820 Pfarrer Koch, der langjährige Präsident
und die eigentliche Seele der Gesellschaft, wegen seiner Ueber=
siedlung nach Magden, aus ihr geschieden war, äußerte der
Verein von Baden wenige Lebenszeichen mehr. Mit der Sitzung
vom 23. April 1821 blieb sein Protocoll für diesen Zeitraum
geschlossen.

Bremgarten. Eine kleine Zahl hervorragender Männer,
an deren Spitze Appellationsrath Weber, früherer helvetischer
Regierungsstatthalter des Kantons Baden, waren die Stifter
im Jahr 1812. So klein der Bund der Zahl nach auch war,
so zeigte er sich doch an geistiger Kraft und in seiner Wirk=
samkeit bedeutend. Er hielt ziemlich regelmäßige Sitzungen,
wobei weniger auf wissenschaftliche Vorträge, als in's Leben
eingreifende Berathungen gehalten wurde. Förmliche Beschlüsse
waren seltener; dagegen zeigten sich die Mitglieder in ihren ein=
flußreichen Lebensstellungen thätig, im Geiste der Gesellschaft
deren Gedanken nach Außen zu verwirklichen. So gelang es
Decan Mäschli von Eggenwyl und Oberst Geißmann von
Hägglingen in ihren Gemeinden die ersten Schulhäuser zu er=
stellen. Durch die Mitwirkung der Aerzte Bock und Ruepp
und Caplan Döbeli wurde in Sarmenstorf ein Bildungscurs
für Lehrer gegründet. Armenhäuser entstanden in mehreren Ge=
meinden. Der unheilvollen Mindersteigerung der Armen wurde
vieler Orts mit Erfolg entgegengearbeitet. Der Einführung
der Kuhpocken=Impfung leistete die Gesellschaft durch Belehrung
des Volkes Vorschub; ebenso erzielte sie die Verminderung der
allzuhäufigen Feiertage. Für die Correction der Reuß wurde viel

gethan. So gingen von ihr, als einem leuchtenden Centralpunkte des Bezirks, ansehnliche Verbesserungen, zumal im Schulwesen und in der Landwirthschaft aus.

Im Jahre 1825 meinte man die Wirksamkeit des Vereins, der bisher nur in einem Kreise weniger auserwählter Freunde bestanden, durch Aufnahme einer größern Zahl von Mitgliedern aus allen Gemeinden des Bezirks segensreicher ausbreiten zu können. Allein diese Erwartungen erfüllten sich nicht ganz, indem weder das Interesse an den Vereinsarbeiten, noch die Thätigkeit mit der steigenden Mitgliederzahl, die nun immer 40 bis 60 betrug, wuchs. Leider fehlen aus dieser Periode auch die Protokolle, so daß unsere spärliche Berichtgabe mehr nur aus mündlichen Ueberlieferungen geschöpft werden konnte.

Brugg. Hier war eine längere Reihe von Jahren ein frisches Culturstreben lebendig, obwohl es in den 40 Jahren des Bestehens (von 1812 bis 1838) ebenfalls Perioden gab, wo die Sitzungen spärlicher besucht wurden. An den Zusammenkünften von Schinznach nahmen die Brugger stets zahlreichen und freudigen Antheil und manche treffliche Redner, wie Pfarrer Schuler, Provisor Fröhlich u. A. regten hier durch lebensvolle Vorträge zu Thaten der Gemeinnützigkeit an: — zur Griechenhülfe, zur Lösung der Armenfrage, zur Belohnung von Leistungen in Kunst und Poesie u. s. w. Ueberhaupt stand der Verein immer in der Vorderreihe derer, die in allen gemeinsamen Unternehmungen am thätigsten Hand boten.

In dem ersten Aufblühen griff der Verein nach Links und Rechts, um seinem Ideale nachzukommen. Eine große Zahl, wie nicht minder eine große Mannigfaltigkeit der Tractanden füllt die Protocolle der ersten 10 Vereinsjahre aus. Was nur an dem Horizonte des Bezirks als Uebelstand oder als Elend auftauchte, fand hier Hülfe. Es ist keine Wohlthätigkeitsanstalt in der Nähe, die nicht einen Blinden, einen Taubstummen, einen Kranken durch die Vermittlung des Vereins aufgenommen hätte. Er schaffte einer Wittwe einen Weidling an, ließ einen Hochbaumeister bilden, unterstützte aus seiner Casse Lehrer. Zur eigenen Belehrung der Mitglieder wurden nicht selten Aufsätze vorgelesen und ihre Themate in ausführlicher Verhandlung besprochen.

Wie in Aarau, so theilte sich auch die Gesellschaft in Brugg in Klassen, in eine historische, eine landwirthschaftliche und eine polytechnische. Die Erstere, von selbst angewiesen auf den klassischen Boden der Umgegend von Brugg, beutete den ihr gebotenen reichen Stoff zu vielseitiger Belehrung aus. Der Glanzpunkt ihres Wirkens bildet aber unstreitig die Herausgabe der geschichtlichen Neujahrsblätter, welche sieben Jahre lang erschienen, nämlich: 1819 Geschichte des Klosters Königsfelden; 1820 Urgeschichte Helvetiens; 1821 Helvetien unter den Römern; 1822 Helvetiens Bevölkerung durch deutsche Stämme; 1825 Aargau von Karl M. bis Rudolf von Habsburg; 1826 Lenzburg und Habsburg bis auf Kaiser Rudolf I.; 1827 Aargau's Kirchen- und Sittengeschichte bis auf Rudolf von Habsburg. Diese Neujahrsblätter waren alle eine Frucht langer und mühevoller Arbeit. Sie wurden der allgemeinen Gesellschaft immer erst, ehe sie zum Drucke kamen, vorgelegt und dann oft drei Male wieder umgearbeitet. Der Gedanke, der ihrer Herausgabe zu Grunde lag, war der gewiß sehr richtige, daß der Mangel an Nationalgefühl bei unserm Volke vielfach von der Unkenntniß der Geschichte unserer Vorzeit bei demselben herrühre, und die Bezirksgesellschaft von Brugg erwarb sich durch ihre Arbeiten in dieser Richtung hin ein hoher Anerkennung würdiges Verdienst. Es mag meist an der zu wenig buchhändlerischen Art der Verbreitung jener Blätter gelegen haben, daß dieses schöne Unternehmen zwar ohne Verlust, aber auch ohne den gewünschten größern Absatz nicht länger fortbestand. Mit ihm fiel auch die historische Klasse nach 1827 zusammen. Doch brachte sie noch, bevor sie abtrat, einen Gedanken zur Sprache, der später zur That reifte — die Errichtung eines Denkmals für Heinrich Pestalozzi. Dieser Mann, unsterblichen Andenkens, ließ sich, nachdem er sich aus den trüben Erfahrungen seiner letzten Jahre auf sein Pathmos, den

Neuhof bei Birr, zurückgezogen hatte, noch den 15. Mai 1826 als Mitglied der Brugger Gesellschaft aufnehmen und hielt in derselben im October desselben Jahres einen Vortrag: „Wie der Unterricht des Kindes von der Wiege an beginnend zu leiten sei und wie die Entwicklung der verschiedenen Kräfte desselben in gehörige Harmonie gebracht werden könne." — Bald darauf, den 17. Februar 1827, starb Pestalozzi, und an seinem hundert= jährigen Geburtstage, den 12. Jänner 1846, ward das Denk= mal, das ihm die Aargauische Regierung auf sein Grab ge= stiftet hatte, festlich eingeweiht.

Die landwirthschaftliche Klasse weist ein reichhaltiges Trac= tandenverzeichniß von Arbeiten und Versuchen auf; wir heben daraus nur hervor, daß sie über 10 Jahre lang die Seidenzucht pflegte und in ausgedehnter Weise eine Frucht= und Rebschule anlegte — Beides jedoch noch ohne dauernde Erfolge.

Nicht minder zahlreich sind die Gegenstände, welche die polytechnische Klasse behandelte. Von ihr wurde z. B. die Hausfluh, ein Punkt mit schöner Fernsicht, geebnet, mit Stütz= mauern umgeben und zum freundlichen Ruhesitz für Lustwan= delnde hergerichtet, und auf ihre Verwendung von der Regie= rung Steinbänke auf den Schloßplatz vor der Habsburg gestellt. Das Oberamtmannplätzchen verdankt seinen guten Klang eben= falls jener Zeit, wo der junge Verein seine Kräfte an allen Bergen und Thälern der Runde versuchte.

In den gemeinschaftlichen Sitzungen des Vereins kamen meist die von Aarau ausgehenden Vorschläge von kantonaler Bedeu= tung zur Sprache und man muß sagen, daß die Muttergesell= schaft von dort her ihre Bezirkstöchter sorgfältig hütete. All= monatlich sollten ihr deren Protokolle zur Einsicht zugesandt werden, und als 1821 im „rothen Hause" etwas zu laut von Verbesserung des alten Gesangbuches und der Liturgie gerednet worden, nahm der leitende Ausschuß solche Selbstständigkeit schlimm auf. Es kam der Wink von Aarau, sich künftighin mehr an die Sache der Cultur zu halten. Das gab Stoff zu einer humoristischen Verhandlung für einen Abendsitz. Später wurden solcherlei Ergüsse immer auf den zweiten Theil der Sitzungen verschoben und es kömmt wiederholt der Protokoll-Artikel vor: „Es beginnt ein fröhliches Collegium."

Im Allgemeinen sagt unser Berichterstatter von diesem Zeit-raume der Bezirksgesellschaft Brugg: „ihr Werth bestand darin, daß sie Träger des christlichen Volksgeistes war, ein Herd, von dem aus sich Licht und Wärme verbreitete, wohlthätig gegen Selbstsucht und Trägheit und auch wider die Schlechtigkeit so Vieler."

Kulm finden wir besonders in den Hungerjahren 1816 und 1817 thätig für Linderung der Noth so vieler armer Fa-milien des Bezirks, die ohne diesen Beistand in ihrem Elende untergegangen wären. Schon im Winter 1816 bewog die Gesellschaft die meisten Gemeinderäthe des Bezirks, Steuern für Lebensmittel zu sammeln. Auch wurden gelungene Versuche mit Dörren von Erdäpfeln gemacht, um dieselben länger ge-nießbar zu erhalten. — In den Zwanziger Jahren kam durch Dr. Hegnauer die Wichtigkeit der Belehrung des Landmanns über manche noch herrschende abergläubige Vorurtheile zur Sprache. Ebenso wurde einem Gesetze über allzufrühe Ver-heirathung unbemittelter Personen gerufen. Noch später be-schäftigte diese Gesellschaft die Errichtung einer Viehassecuranz in der Gemeinde Teufenthal, sowie einer Ersparniß- und Hilfs-casse für den Bezirk. Im Jahre 1826 wurde auf Einführung von Armenhäusern in verschiedenen Gemeinden und auf Ver-hinderung des Gebrauchs der gebrannten Wasser hingearbeitet. Auch sehen wir einige Singgesellschaften zur Veredlung des Sinnes unter jungen Leuten bei ihren geselligen Zusammen-künften erblühen.

Bald darauf erlosch die Thätigkeit des Vereins. Es liegt kein Bericht vor; die wenigen obigen Lebensäußerungen finden wir in den „Notizenblättern" verzeichnet.

Laufenburg. Wenn sich der Verein auch nicht eines stätigen Daseins und Wirkens erfreute, so hatte er doch auch seine Perioden eines tüchtigen Schaffens. Es darf nicht außer Acht gelassen werden, wie große Hindernisse sich einem gedeihlichen Vereinsleben in diesem Bezirke entgegenstellen. Die Bevölkerung ist eine ausschließlich landbauende; die belebende Industrie fehlt, und die geographischen Verhältnisse erschweren sehr den öftern Zusammentritt der Mitglieder. Es ist bezeichnend, daß bei den wiederholten Aufweckungsversuchen der Gesellschaft die Kaisten=bergstraße, zur gangbareren Verbindung des Sisseltals mit dem Bezirkshauptorte, jedes Mal einen der ersten Verhandlungs=gegenstände bildete. Noch immer blieb diese Hoffnung unerfüllt, und damit auch eine Hauptbedingung des gesellschaftlichen Zu=sammenwirkens, zumal in der Winterszeit. Dennoch finden wir auch die Laufenburger, angefeuert durch ihren Präsidenten, Pfarrer Brentano von Gansingen, nicht lässig. Die Land=wirthschaft und ihre Veredlung war ein ihr von den Verhält=nissen zunächst gebotener Verhandlungsstoff. So wurden die Waldpflege, die Einführung des Flachsbaues und die Versuche zur Cultur einer in den Wäldern wild wachsenden Oelpflanze, der Luren (Galeopsis tetrahit), langjährige Gegenstände ihrer Obsorge. Weibliche Arbeitsschulen entstanden durch sie schon frühzeitig in Gansingen, Schwaderloch, Unter= und Oberleib=stadt. Der Hebung des Schulwesens überhaupt, wofür sich noch unter dem Volke viel Gleichgültigkeit zeigte, weihte sie ihren Eifer sowohl durch Regelung des Schulbesuches von Seiten der Kinder, als durch Aufbesserung der Lehrergehalte. Von Laufen=burg aus, als dem beinahe am meisten ausgesetzten Bezirke, erging auch der kräftigste Widerstand gegen den Geldwucher beschnittener und unbeschnittener Juden. Manches geschah ferner zur Aufhellung der Vorgeschichte des Frickthals durch Sammlung historischer und statistischer Notizen.

Lenzburg constituirte seinen Verein den 20. Jänner 1815 mit 14 Mitgliedern; doch kam erst mit den Jahren 1821 bis 1825 lebendigere Rührigkeit hinein. Es wurde von ihm gleich Anfangs eine Zusammenstellung aller im Bezirke befind=lichen Handwerker, Künstler und Fabrikanten veranstaltet. Dann betrieb er die Einrichtung eines Wochenmarktes in Lenzburg,

der 1827 zu Stande kam. Die Gründung eines Schußaufsichts=
vereins für entlassene Sträflinge war lange und wiederholt ein
Ziel, dem die Bezirksgesellschaft zusteuerte; doch sollte es erst
in einer spätern Zeit erreicht werden. Im Jahre 1828 wurde
ein passender Badeplatz für die Jugend eingerichtet. Eine Haupt=
aufgabe war fortwährend die Linderung der Armennoth in ein=
zelnen Gegenden des Bezirkes. Es geschah dies zumal, nach=
dem an der Generalversammlung zu Schinznach 1824 der
Aufruf zur Stiftung von landwirthschaftlichen Armenanstalten
erschollen war. Obwohl dieser Zeit noch nicht beschieden war,
das Mittel zu finden, um den am Marke des Volkes zehrenden
Krebsschaden von Grund aus zu heilen, geschah doch im Ein=
zelnen manches Liebeswerk, das Thränen in den Hütten der
Armuth trocknete. Ebenso war der Verein für Volksbildung
thätig. Im November 1825 nahm eine von ihm gegründete
Sonntagsschule für Fortbildung von der Schule entlassenen
Jünglingen ihren Anfang. Fünf Mitglieder der Gesellschaft
ertheilten an den Sonntag=Abenden Unterricht in der deutschen
Sprache, in Mathematik, Naturgeschichte und im Zeichnen.
1826 begrüßte die Gesellschaft das Entstehen eines Männer=
gesangvereins, welchen sie fortwährend aus ihrer Casse unter=
stützte. Für Bildung armer Taubstummen wurden Steuern
gesammelt. Landwirthschaftliche Fragen kamen viel und oft zur
einläßlichen und meist folgereichen Berathung, so über den An=
schluß an die Hagelversicherungs=Anstalt — im Jahre 1826
hatte sich der Bezirk bereits mit einer Summe von 10,000 Fr.
daran betheiligt — über Hebung des in dortiger Gegend sehr
vernachläßigten Weinbaues, über Einführung von Seidenzucht,
Verbesserung der Viehracen u. s. w. Die 1827 zu Lenzburg
gegründete Ersparnißcasse wurde von ihr lebhaft unterstützt und
die Theilnahme an ihr im Bezirke mehr und mehr zu wecken
gesucht.

So kann die Gesellschaft von Lenzburg auf all diese Gebiete
der Thätigkeit in jenem frühern Zeitraume mit Befriedigung
zurücksehen. Sie war nächst den Bezirksgesellschaften von Aarau

und Brugg offenbar eine der eifrigsten. An ihrer Spitze standen stets gediegene, für Volkswohl begeisterte Männer, wie Bezirks=amtmann Bertschinger, Dr. Häusler, Hauptm. N. Hüner=wabel, Rudolf Ringier, Dr. Albrecht und Andere. Ihr Protokoll erzeigt während eines Zeitraums von 40 Jahren 255 Sitzungen, von denen die zahlreichsten in die Mitte der Zwan=ziger Jahre fielen. Die Zahl ihrer Mitglieder belief sich in dieser Zeit auf 50 bis 60.

In Muri gedieh das Vereinsleben nur wenige Jahre; denn theils war Entlegenheit der Ortschaften und das Fehlen eines städtischen Mittelpunkts demselben ungünstig, theils fanden sich damals noch nicht genugsam Männer vor, welche die Auf=gabe der Culturgesellschaft mit Liebe erfaßt hätten. Doch die Wenigen, die sich zusammenfanden, arbeiteten nicht ohne Er=folg. Namentlich ging von ihnen der Anstoß zur Hülfe für die Heimatlosen aus, unter deren nomadisch herumziehenden Schwär=men der Bezirk viel litt. Genaue Untersuchungen fanden statt über die Zahl und Abstammung dieser Menschenklasse, über ihre Lebensart, Beschäftigung und Gaunersprache. Einziges Rettungsmittel blieb die allmälig erfolgende Einbürgerung und ihre Angewöhnung zu regelmäßigen Berufsarten. — Einen schweren Verlust erlitt der Verein durch den Tod seines thätig=sten Mitgliedes, des Pfarrers Anselm Hediger, Conventualen des Klosters Muri 1818. Er war einer der Ersten, der, um den Müßiggang und den Bettel zu verbannen, den Betrieb des Strohgeflechtes einführte. Von ihm stammten mehrere Flecht= und Arbeitsschulen im Bezirke her. Es ist bekannt, welchen großen Aufschwung diese Industrie in der Folge gewann. — Nachdem die Mitgliederzahl 1820 bis auf 5 zusammengeschmolzen war, erlosch die Bezirksgesellschaft bald gänzlich.

Von Rheinfelden ist uns für diesen Zeitraum kein Be=richt zugegangen und in den Notizenblättern der Gesellschaft finden wir nur eine einzige Bemerkung über diese Bezirksgesell=schaft während der Restaurationszeit, nämlich daß der Präsident derselben, Oberamtmann Fischinger, an der Generalversamm=

lung in Schinznach 1821 „ihre Unthätigkeit aus mancherlei Ursachen erklärte" und zugleich „die Erwartung eines lebendigern
Strebens für die Zukunft" aussprach.

Zofingen, sonst nicht der letzte Ort, wo es gilt, dem
Vaterlande Dienste zu weihen, gestaltete sein Vereinsleben am
spätesten. Erst mit dem Jahre 1821 tritt diese Bezirksgesellschaft in die Reihe ihrer Culturschwestern ein, doch nun, gleichsam
das Versäumte nachzuholen, mit verdoppeltem Eifer. Noch ehe
ihre Organisation ganz vollendet war, gab Zeugniß davon die
Stiftung der Ersparnißcasse in Niederwyl, von mehrern ihrer
Mitglieder gegründet und geleitet. Am Sonntag nach Ostern
1824 ward eine Sonntagsschule für Jünglinge von 16 bis 19
Jahren zu Oftringen mit Feierlichkeit eröffnet. Die anfänglich
nur aus 16 bestehende Zahl der Zöglinge vermehrte sich später
ansehnlich; im J. 1828 ward diese Fortbildungsanstalt von 140
Knaben aus verschiedenen Gemeinden besucht. Um die gleiche
Zeit wurde eine Hülfsgesellschaft für ältere Lehrer, sowie für
Wittwen und Waisen von Solchen gestiftet und nach Kräften
dotirt. Wie zu Brugg entstand auch hier eine Lesegesellschaft
für Lehrer. Die Arbeit der zahlreichen Weber im Bezirke und
ihr Aufenthalt in den feuchten Webekellern nahm lange Zeit die
Aufmerksamkeit der Gesellschaft in Anspruch. Eine vielseitige
Untersuchung ergab, wie große Nachtheile daraus für Gesundheit und Lebenskraft dieses Theils der Bevölkerung erwuchsen,
und Mittel zur Abhülfe wurden mehrfach versucht. Der thätige
Vorsteher der Gesellschaft in jenen Tagen war Bezirksgericht-
schreiber Samuel Müller, dessen hoher Patriotismus auch
an den Tagen von Schinznach die Herzen der Versammelten
oft feurig ergriff.

Zurzach war längere Zeit in Arbeitsthätigkeit. Die Gesellschaft theilte sich in sechs Collegiatkreise: Zurzach, Leuggern,
Klingnau, Degerfelden, Schneisingen und Böbikon, während
ein leitender Ausschuß, unter Vorsitz von Chorherr Blunschli,
von Zurzach aus den anregenden Mittelpunkt bildete. Die
Nothstände des Volkes nach dem Durchzuge der Alliirten im

3. 1814 und das Elend in den Hungerjahren 1816 und 1817, nebst deren Folgen, wovon der Bezirk besonders hart betroffen ward, gab Anlaß zur langjährigen wohlthätigen Wirksamkeit. Später wurden viele Verbesserungen in der Landwirthschaft einge= führt, worüber Oberamtmann Welti gehaltreiche Mittheilungen gab. Ebenso bildeten die Untersuchungen über die Bevölkerungs= und Erwerbszustände im Bezirk die Grundlage zu manchem folgereichen Streben. — Von 1824 an aber wurde von diesem Verein keine fernere Lebensspur mehr wahrgenommen.

Soweit die Geschichte zur Zeit der Restauration!

III.
Die Gesellschaft während der staatlichen Umwälzung und Wiedergeburt.
(In den Jahren 1830 bis 1860.)

Mit 1830 trat wieder einer jener von der Vorsehung ge= leiteten Entwicklungsmomente in die Geschichte ein, welcher die europäische Menschheit gewaltsam einer neuen Epoche von Ideen und Verhältnissen zuführen sollte; ein zweiter Act in dem großen Weltdrama, das im Jahre 1789 mit dem französischen Umsturz voll Blut und Schrecken begonnen hatte. Viele hatten den jetzt herannahenden Orcan in der schwülen Luft vorausgewittert; aber als er unter dem Kartätschendonner der Juliuswoche von Paris, der Geburtsstadt so vieler Revolutionen, jählings auf= fuhr, überraschte er dennoch den Welttheil, daß er auf's Neue bis in seine Grundfesten erbebte. Auch das Gebirgsland der Eidgenossen ward davon ergriffen und vor Allen der Aargau, wo die Culturgesellschaft längst schon die Sehnsucht nach mehr Freiheit im Lande geweckt und Zöglinge herangebildet hatte, die nun thatkräftig in die Zeit eingriffen. Das Volk erhob sich stürmisch mit dem Rufe nach Umgestaltung seiner öffentlichen Einrichtungen und zum ersten Male sollte nun ein Grundgesetz erstehen unabhängig vom Auslande aus freier Berathung seiner eigenen Vertreter.

Noch hatte die Gesellschaft im Herbste des verhängnißreichen Jahres 1830 seinen Ehrentag in Schinznach begangen; dann aber folgten unmittelbar darauf und Schlag auf Schlag die das ganze Staatswesen umwälzenden Ereignisse: die Zusam= menkunft der Fortschrittsmänner in Wohlenschwyl, der Land= sturm der freien Aemter nach Aarau, die Aufstellung eines

5

Verfassungsrathes, das Abtreten des Restaurationsregimentes, die Einführung der neuen Verfassung und Regierung. Die einmal aufgeregten Wellen aber brausten noch viele Jahre fort in bürgerlichen Wirren und Zwiespalt der Gemüther.

So lange der Partheihader so heftig grollte und selbst die Waffen des Volkes mehr als einmal dröhnten, trat der Genius gemeinnütziger Privatthätigkeit schüchtern in den Hintergrund. Schon früher hatte sich eine Anzahl von Bezirksgesellschaften aufgelöst, so daß, als im Jahre 1828 der Präsident von Schinznach umsonst nach ihren Abgeordneten gefragt, sein Toast gar schmerzlich klang: „Auch die Todten sollen leben!" Im Anfange der Dreißiger Periode hielt nur noch der Verein von Aarau seine gewohnten Sitzungstage zur Pflege der bisherigen Stiftungen in Ehren. Die allgemeinen Versammlungen aber fielen fünf Jahre lang ganz aus.

Allein der vaterländische Geist, der Anno 1811 den frommen Männerbund gestiftet hatte, war nicht todt; er schlummerte nur. Als es erst einmal wieder galt, in dem neuaufgerichteten und endlich gesicherten Staatsgebäude auch den innern Haushalt frisch zu ordnen, als die Loosung erscholl, daß nun auch ein der Freiheit würdiges Geschlecht nacherzogen werden müsse und im Jahre 1835 der Große Rath sein Gesetz über Einrichtung des gesammten Schulwesens erließ, da durfte die Culturgesellschaft nicht länger zurückbleiben. Von den Mitgliedern in Aarau erging jetzt wieder zuerst die Einladung zu einem Wiederfinden der lange Getrennten auf einen Tag in Lenzburg (den 26. August 1835). Es fanden sich 36 Männer ein; der Präsident, Heinrich Zschokke, appellirte in Feuerworten seiner Eröffnungsrede an ihren Patriotismus, und einmüthig ward durch Unterschrift aller Anwesenden der Fortbestand der Gesellschaft zum Beschlusse erhoben.

Der Gang, den dieselbe von nun an und im Verlaufe der folgenden 25 Jahre nahm, war wesentlich bedingt durch die politischen Ereignisse, die sich als lange Kette von Thaten und Leiden durch diesen außerordentlichen Zeitraum hindurchschlang.

Der Aargau stand während desselben wiederholt im Vorder-
treffen der Kämpfe, welche das ganze Vaterland bewegten; von
ihm gingen die so folgereichen Maßregeln aus, welche auch im
Kirchlichen lichtere Bahnen öffnen sollten: die Aufstellung der
Badener Conferenz-Artikel, die Aufhebung der Klöster, der
Beschluß zur Austreibung der Jesuiten. Kein Wunder, daß
unter den Erschütterungen im öffentlichen Leben auch das Ge-
sellschaftsleben der Culturvereine wiederholte Störungen erlitt.
Doch mitten in den trübsten Zeiten ward der rothe Faden des
Zusammenhanges nie ganz zerrissen und oftmals glänzten
Thaten reiner Bürgertugend auf's Tröstlichste aus dem Dunkel
hervor.

Eine der angelegentlichsten Bemühungen nach jenem neuen
Erwachen war, die Gesellschaften der Bezirke ebenfalls wieder in
Thätigkeit zu rufen. Aarau bezeichnete zu diesem Behufe, wie
es im Jahre 1814 geschehen war, überall die Vorsteher derselben. Doch gelang es noch nicht sogleich, allwärts die Flamme
aus der Asche wach zu blasen. Theils beherrschte die Politik
noch allzusehr die Gemüther, theils standen sich auch manche
vorher eng verbundene Culturfreunde persönlich noch allzu er-
bittert gegenüber. Darum, wie es einst gegolten hatte, die drei
einander fremden Landestheile zu Einem Ganzen zu verknüpfen,
so war nun die Aufgabe, die Partheien auf einem neutralen
Boden wieder versöhnend zusammenzuführen, und dies Gebiet
konnte nicht schöner gewählt werden, als in dem gemeinsamen
Zusammenwirken für Zwecke der Wohlthätigkeit. Die ver-
jüngte Gesellschaft war sich dieses Berufes bewußt. Sie wandte
manche zweckmäßig scheinende Mittel an, ihm zu genügen. So
wurde bestimmt, daß der Verein von Aarau nicht mehr einzig
leitender Ausschuß, wie früher, sein sollte. Von 1838 an, wo
eine Abänderung der Gesellschafts-Statuten nicht ohne einige
Reibung zwischen Aarau und Lenzburg erfolgte, wechselten die
Vororte. Trotzdem traf Aarau schon wegen der größern Leich-
tigkeit der Mittheilungen vom Hauptorte aus noch öfter in
allgemeinen Fragen die einleitenden Schritte. Die allgemeinen

Zusammenkünfte fanden von nun an auch nicht mehr in Schinznach statt, doch nur aus Gründen untergeordneter, meist localer
Natur.

Ich will hier gleich ein Bild in den Rahmen der Geschichte
einfügen, das an die schönste Zeit von ehemals erinnert, das
vom Entstehen der Taubstummenanstalt in Aarau, welche in
jener schon erwähnten Versammlung von Lenzburg als Erst-
lingsunternehmen der neuen Periode beschlossen wurde. Ihm
schließe sich dann auch, obwohl der Zeitfolge vorgreifend, die
Darstellung der Taubstummenanstalten von Zofingen und Baden
als Gleichartiges an.

Die Taubstummenanstalt in Aarau. Im Frühjahre
1835 veranstaltete der Ausschuß der Gesellschaft durch Vermittlung des Sanitätsrathes eine Zählung aller im Kantone leben-
den Taubstummen, woraus sich ergab, daß unter einer Bevölkerung von 182,755 Seelen die Anzahl dieser Unglücklichen
960 betrug, die Meisten in den Bezirken Aarau, Kulm, Lenzburg, Rheinfelden, Zofingen; die Wenigsten in den Bezirken
Bremgarten und Muri. Unter diesen 960 waren 520 unterrichtsfähig, 440 nicht unterrichtsfähig und Kretinen. Unter
den Erstern befanden sich im Alter von 20 bis 35 und mehr
Jahren 229, im Alter von 3 bis 20 Jahren 291; männl.
Geschlechts 261, weibl. 259; Arme 304, Bemittelte 216.

Gestützt auf diese statistischen Erhebungen beschloß die Gesellschaft in ihrer am 26. August 1835 gehaltenen Versammlung die Errichtung einer Erziehungs- und Unterrichtsanstalt
für die Taubstummen des Kantons. Die dafür niedergesetzte
Commission setzte sich in Verbindung mit zwei trefflichen Eidgenossen, Oberrichter Heinrich v. Orelli, vieljährigem Präsidenten der Taubstummenanstalt in Zürich, und Kaplan Grüter,
Stifter der Anstalt in Menznau, Kantons Luzern, deren Erfahrungen sie zu Rathe zog. Es gelang ihr dann als Lehrer
zu gewinnen den mit glücklicher Unterrichtsgabe ausgerüsteten
Balthasar Schindler von Mollis, welcher, unter Fellenberg
in Hofwyl allgemein gebildet, nun noch zur besondern Erler-

nung des Taubstummenunterrichts auf Kosten der Gesellschaft in die Anstalten der Schweiz, besonders nach Zürich gesendet wurde. Als Local wurde ein Theil der Gebäulichkeiten in der Baumschule des Kunstgärtners Zimmermann, eine Viertelstunde von der Stadt entfernt, gemiethet. Am 6. Juni 1836 geschah die Eröffnung der Anstalt mit 6 Knaben, erst für ein Probe= jahr, nach dessen Ablauf dann über das Weitere entschieden werden sollte. Daher geschah vorläufig Alles noch auf Kosten der Gesellschaft, ohne daß weder die Regierung, noch das Publikum um Beiträge angesprochen wurden.

Das Probejahr fiel über Erwarten günstig aus und berech= tigte zu den schönsten Hoffnungen. Nun wandte sich die Ge= sellschaft „im reinsten Vertrauen auf Gott, wie in furchtloser Zuversicht auf menschenfreundliche Hülfeleistung" an Regierung und Volk des Kantons Aargau mit der Bitte um milde Ga= ben, um das begonnene Unternehmen fortsetzen zu können. Jenes Vertrauen, diese Zuversicht wurden in kaum gehoffter Weise gerechtfertigt. Die höchste Landesbehörde ging mit gutem Beispiele voran, und in allen Gemeinden des Landes erhob sich rührender Wetteifer des Wohlthätigkeitssinnes. Gemein= nützige Männer übernahmen die Einsammlung in ihren Be= zirken; Geistliche beider Confessionen sprachen von heiliger Stätte und Lehrer in den Schulen für das Liebeswerk; wohl= habende Familien brachten reiche Gaben, Wittwen ihr Schärf= lein. Im ersten Jahre der Sammlung betrugen die Einnahmen schon Fr. 12,346. 36, wovon Fr. 7,492. 90 als erster Fond zinstragend angelegt wurden. Es äufnete sich dies anfängliche Capitalvermögen so weit, daß es nun, nach der Rechnung von 1860, die Summe von Fr. 24,257. 37 erreicht, wobei das Mobiliar nicht mit eingerechnet ist. — Dies langte natürlich nie aus, um durch seinen Zinsertrag die jährlichen Haushalts= kosten der Anstalt zu decken, zumal sich dieselben bei zunehmen= der Schülerzahl stets vermehrten, und die Anstellung und Be= soldung einer Haushälterin — fast immer die Gattin des Leh= rers selbst — so wie eines Unterlehrers nothwendig wurde.

Das Kostgeld eines Zöglings, nur auf Fr. 200 gestellt, war zudem bei Armen gar oft nicht erhältlich. So gerieth die Anstalt nicht selten in öconomische Klemme, besonders in den Nothjahren von 1847 an. Indessen erlosch der Wohlthätigkeitssinn menschenfreundlicher Geber nie ganz. Dazu kam, daß der Große Rath, der schon von Anfang an kräftig geholfen hatte, vom Jahre 1841 an der Taubstummenanstalt einen Jahresbeitrag des Staats von Fr. 800 decretirte, daß ferner die kantonale Armencommission und später die an ihre Stelle getretene Direction des Innern fortwährend namhafte Beiträge an Kostgelder ärmerer Zöglinge leistete.

Das innere Leben der Anstalt bot meist ein heiteres, erfreuliches Bild. Die taubstummen Kinder, die manchmal im höchsten Grade verwahrlost, oft halb verthiert eingetreten waren, lebten unter sorgfältiger Pflege bald sichtlich auf; ihre schlimmen Gewohnheiten und ihr früherer Stumpfsinn verloren sich; sie gewöhnten sich an Ordnung und Fleiß, lernten Lesen, Schreiben, Rechnen, Zeichnen, besser oft, als viele Vollsinnige; ihnen wurde, was zuweilen fast wunderähnlich schien, die Lautsprache beigebracht; sie erhielten den Religionsunterricht ihrer Confession soweit, daß sie confirmirt werden konnten und verließen meist die Anstalt als gerettete Wesen, die nun, um nützliche Glieder der Gesellschaft zu werden, zur Erlernung eines Berufes übergingen. Freilich nicht bei Allen gelang es in gleichem Maße den schlummernden Funken zu wecken. Neben den Schulfächern ließ man die Zöglinge sich im Sommer mit Garten- und Feldbau, im Winter mit mechanischen Arbeiten, z. B. Flechten von Teppichen und Endefinken, Papparbeiten u. s. w. beschäftigen, wozu Manche der Knaben besonderes Geschick zeigten. Die Mädchen mußten Nähen, Stricken, Flicken lernen und im Hauswesen behülflich sein. Die Erzeugnisse ihrer Handbeschäftigung wurden zum Besten der Anstaltscasse verkauft und lagen auch immer auf Tischen zur Schau ausgestellt bei den öffentlichen Prüfungen, welche jährlich unter Vorsitz von Ab-

geordneten der obersten Erziehungsbehörde und unter Theilnahme
des Publikums im Casinosaale gehalten wurden.

Die Zahl der Schüler betrug nie mehr als 15 bis 20 auf
ein Mal, weil sowohl der Stand der Casse, als der verfügbare
Raum nicht mehr gestattete. Die Gesammtzahl aber der von
1836 bis jetzt (1860) aufgenommenen und unterrichteten Zöglinge beträgt 82 Knaben und 17 Mädchen, im Ganzen also 99.

Da der Oberlehrer Schindler und seine Gattin, nachdem
Ersterer 7 Jahre an der Anstalt gewirkt hatte, im November
1843 ihre Entlassung verlangten und dieselbe empfingen, so
wurde nun an die Stelle des Erstern Conrad Merkle von
Berlingen, Kanton Thurgau, berufen, welcher vom Januar
1844 bis jetzt mit Geschick die Anstalt leitete. Die Unterlehrer
wechselten öfter; es waren meist jüngere Männer, die sich nach
erhaltenem Seminarunterricht im Lehrfach und besonders im
Taubstummenunterricht praktisch üben wollten.

Nachdem die Anstalt an 16 Jahren in der Baumschule bei
Aarau gewohnt hatte, wurde ihr dies Local aufgekündet und
sie fand nach langem vergeblichen Suchen zuerst wieder im ehe-
mals Rychner'schen Gerbereigebäude am Ziegelrain, dann einige
Jahre später in dem sehr geräumigen frühern Armenhause der
Stadt Unterkunft, wo sie sich auch jetzt noch miethweise befindet.

Die Direction, welche die Oberleitung des Ganzen führt,
bestand und besteht noch aus je sieben Mitgliedern der Culturgesellschaft, welche sich in gemeinnützigem Sinne dieser nicht
selten schwierigen Aufgabe widmen. Der erste Stifter der Anstalt, Heinrich Zschokke, führte 12 Jahre lang, bis zu seinem
im Jahre 1848 erfolgten Hinscheide, das Präsidium und man
kann mit Recht sagen, daß die liebende, hingebende Thätigkeit
für die Taubstummenanstalt noch seinen Lebensabend vielfach
verschönte. Bei seinem Leichenbegängnisse folgte der Zug der
taubstummen Kinder trauernd dem Sarge ihres Wohlthäters
zum Grabe. Auch seine Gattin widmete derselben bis in ihre
letzten Lebensjahre mütterliche Sorge, indem sie Oberaufsicht
über den Haushalt der Anstalt führte.

Noch können wir diese Darstellung nicht schließen, ohne auch der schönen Weihnachtsfeier zu gedenken, womit jedes Jahr endet. Es gehen dafür stets so zahlreiche Gaben von wohlthätigen Einwohnern der Stadt Aarau ein, daß beinahe jedes Kind vom Kopf bis zum Fuße neu bekleidet werden kann. Die Zöglinge erhalten ihre Geschenke im Lehrzimmer des Hauses, das mit Transparents und Lichterbäumen freundlich geschmückt ist und das Publikum, worunter viele Aeltern der Kinder, nimmt jedes Mal am Feste herzlichen Antheil. Es ist rührend, wie dann gewöhnlich ein oder mehrere Schüler eine kurze, auswendig gelernte Dankrede halten und wie sich da das Stammeln aus dem Munde der Taubstummen mit dem Lobgesang der Christenheit vereint: Ehre sei Gott in der Höhe! — Fast alljährlich wurden öffentliche Rechenschaftsberichte ausgegeben; bis jetzt erschien der achtzehnte.

Die Taubstummenanstalt in Zofingen. Fünf Familienväter beschlossen im Frühjahre 1837 den Versuch, ihren taubstummen Kindern, anfänglich durch einen jungen Lehramts-Candidaten aus Glarus, Unterricht ertheilen zu lassen. Aber schon im folgenden Jahre gewannen sie für diese Aufgabe den Lehrer an der ersten Gemeindeschule in Zofingen, Joh. Jakob Lüscher, einen Mann „voll kindlichen Sinnes, heitern Gemüthes und unerschöpflicher Geduld", der sich bereit zeigte, seine Freistunden der Taubstummenbildung zu weihen. Zwei ebenfalls taubstumme Gehülfen wurden ihm beigegeben. Die Kinder wohnten und speiseten bei ihren Aeltern und gingen über Tag zur Schule in's „Scheurli".

. Die Culturgesellschaft, durch das schöne Gelingen dieses ersten Versuches aufmerksam gemacht, beschloß den 3. März 1839, die Anstalt, welche einige Zeit wieder aufhörte, zum Gegenstand ihrer Obsorge zu machen. Ein der Stadt gehöriges, wohlgelegenes Gebäude, die frühere Metzgerzunft, wurde in Pacht genommen, und bald mehrte sich die Zahl der Zöglinge ansehnlich. Neben Lüscher und seiner Gattin, welche zugleich die Oberleitung des Haushaltes führte, arbeiteten nun fortwährend ein oder zwei vollsinnige Gehülfen an dem Heilswerke unter Gottes sichtbarem Segen. Die in mehrere Klassen, je nach dem verschiedenen Grade ihrer Befähigung eingetheilten Knaben und Mädchen zeigten an den öffentlichen Jahresprüfungen in den Elementarfächern und den Anfängen der Lautsprache, in der Religionslehre, im Rechnen, der Geographie, der biblischen und Vaterlandsgeschichte, Naturkunde und im Zeichnen stets die erfreulichsten Fortschritte. Die Methode des Unterrichts, in welcher der Oberlehrer es durch Uebung zur Meisterschaft brachte, erwies sich als vortrefflich, und an bewährten Hülfsmitteln, Bildertafeln u. s. w. für die bei den Taubstummen so unentbehrliche Anschauung fehlte es nicht. Die weiblichen Handarbeiten bestanden in Stricken, Nähen und Flicken. In dem einzigen Jahre 1849 wurden 133 und im Jahre 18⁵⁸/₅₉ 97 neue Kleidungsstücke verfertigt und 67 alte ausgebessert. Außerdem hielt man die Mädchen hier ebenfalls zu mancherlei häuslichen Verrichtungen und Arbeiten im Garten an. Die Knaben rüsteten das Holz und halfen in Garten und Feld ihren Kräften angemessen. Einige derselben übten sich sogar im Stricken und Nähen. Für die Gesundheit dienten fleißige Turnübungen, Bewegung in freier Luft und zur Sommerszeit Baden. Reinlichkeit gilt als Hausgesetz und für gesunde, nahrhafte Kost ist hinlänglich gesorgt. Die Kinder bezeugen es durch ihr frisches, blühendes Aussehen.

Die Zahl der Zöglinge betrug vom Beginne der Anstalt bis Ende 1860 96, nämlich 50 Knaben und 46 Mädchen; jedoch stieg auch hier die gleichzeitige Schülerzahl meist nie über 20, was zu einer gedeihlichen Führung der Anstalt durchaus erforderlich schien, da das trauliche Familienleben — diese Kernbedingung eines derartigen Instituts — sonst Eintrag gelitten hätte. Schon um 70 Zöglinge konnten wieder entlassen werden, die je nach ihren Anlagen und nach dem kürzern oder längern Aufenthalte in der Anstalt auch mehr oder minder befähigt sind, nützliche Glieder der Gesellschaft zu werden. Ueber 40 wurden in den Heilswahrheiten des Christenthums so weit gefördert, daß ihnen vor dem Austritte die Admission zum Abendmahle durch einen der beiden Stadtpfarrer ertheilt werden konnte. Es ist von Interesse, über das spätere Schicksal der Ausgetretenen Nachricht zu erhalten. Etwa 30 sind bei den Ihrigen, wo sie in den verschiedenen Zweigen des Hauswesens thätig sind; eine Anzahl Anderer verdient ihr tägliches Brod selbstständig; Mehrere sind Handwerker; Einer betreibt den Beruf eines Schusters als Meister. Angesichts solcher ermuthigenden Erfahrungen klagen mit vollem Rechte die Berichte von Zofingen den Unverstand oder die lieblose Gleichgültigkeit vieler Aeltern im Lande an, die ihre gehörlosen Kinder noch ohne alle geistige Pflege verkümmern lassen.

Was den öconomischen Theil der Anstalt betrifft, so gedieh sie vorzüglich durch die Einrichtung, daß Lehrer Lüscher dieselbe als Hausvater übernahm, und daß die Schüler ihm in Kost und Pflege gegeben wurden, als wäre es sein eigenes Privatunternehmen. Zur Bestreitung der Kostgelder, die der Vorsteher laut letztem gedruckten Jahresberichte von 1858—1859 bezieht (nämlich Fr. 320 bis absteigend zum Minimum von Fr. 230 für Aermere und als Unterrichtsgeld von Fr. 120 bis zum Minimum von Fr. 100 für Auswärtswohnende), sowie der Hausmiethe, der Besoldungen u. s. w. wurden in genannten Jahren Fr. 2853 verausgabt. Das Vermögen betrug auf Ende 1858 Fr. 17,589. 97 Rp. Dasselbe hatte sich durch Gaben sowohl der obersten Landesbehörde (jährlich regelmäßig Fr. 1142. 60 Rp. n. W. wie in Aarau), der Ackerleutengesellschaft, der Stadt Zofingen u. s. w., wie durch reichliche Vermächtnisse im Laufe der Jahre angesammelt und vermehrt sich noch fortwährend. Auch außerdem geschehen der Anstalt Dienstleistungen unentgeldlich, wie z. B. die ärztliche Besorgung. Das Weihnachtsfest wird hier wie in Aarau durch Frauen von Zofingen auf's Lieblichste ausgestattet. — Die Direction, welche die Oberleitung des Ganzen führt, besteht aus fünf von der Culturgesellschaft ernannten Männern, an deren Spitze seit Jahren Helfer Schauenberg steht, und einer weiblichen Aufsichtscommission von drei Frauen.

Zum Schluſſe müſſen wir mit Schmerz des großen Verluſtes gedenken, den die Anſtalt durch den Tod ihres trefflichen Oberlehrers Lüſcher im Jahre 1860 erlitt. Er hatte 22 Jahre an ihr mit Segen gearbeitet. Nun führen seine Gattin und Tochter, unterstützt durch einen Lehrer, die Anstalt fort.

Die Taubſtummenanſtalt von Baden ſchildert ſich in ihren Anfängen am beſten ſelbſt durch die Einleitung zu ihrem Jahresbericht von 1850/51:

„Wer Luſt und Zeit fand, der in den Tagesblättern ergangenen Einladung zur erſten Jahresprüfung Folge zu geben, der nahm am ſchönen Nachmittag des letzten Montags im October 1851 den Weg unter die Füße und trat in dem zwiſchen Baden und Kloſter Wettingen liegenden Hauſe „zur frohen Ausſicht" in einen reinlichen, heitern Saal ein und geſellte ſich da zu andern Freunden der Anſtalt, die wie er ſich überzeugen wollten, ob etwas und was in der jungen Anſtalt geleiſtet werde. Hat die Prüfung noch nicht begonnen, ſo ſieht er ſich vorerſt im Saale um und bemerkt an allen Wänden viele, auf Carton gezogene ſchöne Bilder aus der Pflanzen und Thierwelt, Abbildungen der verſchiedenartigſten Geräthſchaften und der Werkſtätten verſchiedener Berufsarten, und er denkt wohl: ja ſolche Bilder ſind in der That fördernde Hülfsmittel für den Unterricht von taubſtummen Kindern und wären auch für jede Elementarſchule eine nichts weniger als überflüſſige Zierde. Wie er nun mitten im Anſchauen dieſer aneinandergereihten Bilder iſt, beginnt die Prüfung ſelbſt und er wendet nun Aug' und Ohr derſelben zu. Vor ihm ſitzen vier Kinder, zwei Knaben und zwei Mädchen, einfach und reinlich gekleidet, alle von geſundem, freundlichen Ausſehen. Er hört geeignete Fragen und angemeſſene Antworten aus dem Gebiet des Religions und Sprachunterrichtes, etliches aus der Schweizergeſchichte und aus der Geographie des Kantons Aargau; er vernimmt die Auflöſung von Rechnungen der vier Species; er ſieht die ſchriftlichen Arbeiten und die Hefte an, in die während der Schulzeit geſchrieben wurde. Und was er ſieht und hört, muß ihn

überzeugen, es sei seit dem 12. December 1850, dem Eröff=
nungstag der Anstalt, an diesen taubstummen Kindern nicht
vergeblich gearbeitet worden."

In der That nur mit vier Kindern, unter dem Lehrer
Friedrich Häfeli von Klingnau und einer Haushälterin,
mit einer Aussteuer von Seite der Regierung, der freiwilligen
Sammlungen aus den Aargauischen Bezirken und der Gast=
mahlsteuer der Culturgesellschaft in Suhr, wurde die Anstalt
begonnen. An die Stelle jenes ersten Bildners trat dann von
1853 an Lehrer Gyr von Kirchdorf, welcher bis jetzt derselben
vorsteht. Im Jahre 1855 stellte der weibliche Arbeitsverein
für arme Kinder in Baden das Begehren, es möchten ihm für
Versorgung einiger Mädchen die Localität und die Lehrkräfte
der Anstalt, soweit die Taubstummenbildung es gestatte, zur
Mitbenutzung gewährt werden. Die Direction gab es zu, und
so wurden sieben vollsinnige Mädchen zugleich unterrichtet. Allein
mehrfach gab diese Doppelstellung der Anstalt zu Reibungen
Anlaß, weßhalb später (1858) jene Vereinigung wieder aufge=
hoben wurde. Ueber Fächer, Methode und Erfolg des Unter=
richtes ergeben sich günstige Berichte. Doch stieg die Zahl der
Zöglinge nie hoch, obwohl in wiederholten Einladungen das
biblische Wort zur Anwendung gebracht wurde: Nöthige sie
herein zu kommen, auf daß mein Haus voll werde! Die Ge=
sammtzahl betrug bis jetzt 28 Kinder, wovon 18 Knaben und
10 Mädchen, zu denen noch vier Privatzöglinge des Vorstehers
kommen; fast Alle gehören den katholischen Bezirken des Kan=
tons an. Rühmlich sei hier der milden Beiträge gedacht, die
von Baden und andern Orten von Zeit zu Zeit an die Anstalt
geleistet wurden! Das Kostgeld ist auf 150 Fr. für Arme,
auf 250 Fr. für Wohlhabendere bestimmt. Der Stand des
Vermögens war auf Ende September 1859 Fr. 6246. 15 Rp.

Ist durch diese drei Pflanzungen ein Wunsch in Erfüllung
gegangen, der schon seit dem Beginne der Gesellschaft so oft er=
folglos zur Sprache gekommen, und damit ein dringendes Be=
dürfniß für den eigenen Kanton gestillt, so sehen wir in den

folgenden Darstellungen, daß sich die Blicke der Gesellschaft je
länger je mehr auch über die Grenzen des Letztern hinaus erwei=
terten. Das war ja der heilbringendste Gewinn jener Dreißiger
und Vierziger Jahre, daß in dem gemeinsamen Streben und Leiden
aller Völkerschaften zwischen Jura und Alpen der engherzige „Kan=
tönligeist" vor der immer mächtiger aufstrahlenden Liebe zum
Einen schweizerischen Vaterlande mehr und mehr erlosch. Selbst
in den Tagen des scheinbar größten Zwiespaltes, als Alles aus=
einander zu fallen drohte, schwang sie noch das Banner mit
dem weißen Kreuze über den wider einander ringenden Partheien.
Die alte Geschichte von dem im Kappelerkriege von Freund und
Feind getheilten Milchgerichte erneute sich in diesen Schweizer=
fehden mehr als einmal.

Im Spätherbst 1834 und dann wiederholt und dringender
im Jahre 1839 erscholl als Trauerpost durch das Schweizer=
land die Kunde von den großen Wasserverheerungen in
den Gebirgsthälern von Uri, Tessin und Wallis. Die von
Wolkenbrüchen seit Menschengedenken niemals so stark ange=
schwellten Bergbäche hatten Brücken, Dämme, Häuser wegge=
rissen und die über ihre Ufer ausgetretenen Ströme, Reuß,
Rhone und Tessin manche Alpengegend, die erst noch von der
Menschenhand cultivirt worden, wieder zu Einöden verwüstet.
Hülfe that dringend Noth, und alsbald nahm die schweizerische
gemeinnützige Gesellschaft die Sammlung von Liebessteuern thä=
tig zur Hand. Da jene aber nur wenige Mitglieder im Aar=
gau zählte, so forderte Ammann Jäger von Brugg die Cul=
turgesellschaft zu diesem Liebeswerke auf und alsbald erging
von ihr ein Ruf durch die Zeitungen. Die Gemeinderäthe und
Geistlichen folgten willig ihrer Einladung, Gaben zu sammeln,
welche durch den Ausschuß in Lenzburg an das eidgenössische
Hülfscomité in Zürich abgesendet wurden. Am Ende des
Jahres 1840 betrug die Aargauische Collecte Fr. 5266. 37 Rp.
und die schweizerische Gesammtsteuer Fr. 167,811. 66 Rp.,
wovon ein Viertheil dem Kanton Uri, zwei Viertheile dem
Kanton Tessin und ein Viertheil dem Kanton Wallis zufielen.

Wir erinnern hier daran, daß ein Theil dieser nun durch eidgenössische Treue aus tiefer Noth geretteten Gebirgsvölker wenige Jahre zuvor dem Sarnerbunde angehörten, der feindselig sich gegen die Eidgenossenschaft erhoben hatte und nur durch Waffengewalt unterdrückt werden konnte. Aber durch Wohlthun rechnet man am besten unter Brüdern über empfangene Unbill ab!

Die Jahre 1844 und 1845 wühlten, wie keine zuvor, die Leidenschaften im Vaterland wieder auf. Freischaarenzüge aus Aargau, Bern, Baselland, von den Klagen zahlreicher Flüchtlinge zum Sturm gegen das mit seiner Jesuitenberufung der Schweiz trotzende Luzern aufgefordert, waren an der Emme und bei Malters blutig zurückgeschlagen worden. An vielen der zerstreuten Flüchtlinge übte das Landvolk Gräuelthaten; über 1800 derselben büßten ihr vermessenes Unternehmen in den zu Kerkern umgewandelten Kirchen Luzerns. Unsäglicher Jammer ging über jene drei Kantone. Da trat die Culturgesellschaft in Aarau mit „ihrer öffentlichen Bitte für die hülfsbedürftigen Familien der in den Luzerner Händeln Gefallenen oder Schwerverwundeten" auf. „Höhne, table Niemand, wer Christ heißen will — hieß es darin — diese unglücklichen Schlachtopfer ihrer heiligsten Ueberzeugungen. Die Gesinnung, die zu einer That führt, welche das bürgerliche Gesetz verdammt, kann noch vor dem Richterstuhl Gottes Gnade und Rechtfertigung finden. Sie gingen und starben für verfolgte, mißhandelte, ihrer Heimath verlustige Brüder. Ihr letzter Seufzer, ihr letzter Gedanke an ihre Hinterlassenen war wohl auch: Eidgenossen, erbarmt euch unserer Wittwen und Waisen! So verstumme denn der Partheigeist über ihren zerstreuten Grabhügeln. Friede ihrer Asche! Hülfe ihren hülfsbedürftigen Familien!" Diese Worte, tief eindringend in die Herzen, fanden überall bei den Eidgenossen, welchen kirchlichen Bekenntnisses, welcher politischen Meinung sie sein mochten, Gehör. Die im October 1845 vom Aargauischen Hülfsausschusse veröffentlichte Rechenschaft verzeigt eine Sammlung von

Fr. 14,549. 45 Rp., wozu Beiträge aus vielen Kantonen, selbst von Schweizern aus dem fernsten Auslande — von Neapel, Odessa, London, Havre, Tours u. s. w. — eingelangt waren. Es wurden davon 35 hülfsbedürftige Familien von 56 Gefallenen je nach deren Umständen mit Summen von Fr. 600, 450 und 300 und 18 Familien von 33 Verwundeten mit Fr. 200, 150 und 100 unterstützt. — In seiner Danksagung ruft der Hülfsausschuß den edeln Gebern zu: „Ihr habt nicht nur Hunderten die Sorge um Gegenwart und Zukunft erleichtert, sondern auch den erschütterten Glauben des Auslandes an schweizerische Brudertreue wieder befestigt. Euere Tugend hat für die Nachwelt den Schmerz des Anblicks von einer der schwärzesten Stellen in der Geschichte des Vaterlandes gemildert!"

Auch die Leute von „dahinten" blieben nicht vergessen. Ein Ausschreiben des Kleinen Rathes von Graubünden, dat. Chur den 31. Jan. 1845, schilderte in ergreifenden Worten die unglückliche Lage des Dorfes Felsberg am Fuße des hohen Calanda, welches in Gefahr stand, wie einst Plurs und Golbau, von einem Bergsturze begraben zu werden. In einer Höhe von 2000 Fuß ragen über dem Dorfe steile Felsmassen empor, welche durch tiefe Spalten zerrissen, in langsamer aber fortwährender Bewegung gegen das Dorf begriffen sind. Zur Abwendung des drohenden Unterganges erschien als einziges Mittel, das Dorf zu verlassen, und es an einer gesicherteren Stelle wieder aufzubauen. Für den Bau einer neuen Kirche und der Wohnungen für 134 Familien, sammt Ställen für das Vieh, Brücken und Wasserbauten am Rhein wurde die Kostensumme von 421,296 Bündnergulden veranschlagt. Da Graubünden selbst diese Summe nicht aufzubringen im Stande war, wandte sich die Regierung auch an andere Kantone. Die Theilnahme war weit umher in den Ländern groß. Die erste Anregung im Aargau ging von der Bezirksgesellschaft von Bremgarten aus. Aarau erließ darauf hin eine Mahnung zur Beisteuer: Vergesset der unglücklichen Felsberger nicht! —

Es gingen jedoch, da der Aufruf unter den damaligen, von den unglücklichen Freischaarenzügen herrührenden Wirren nicht überall den erwünschten Anklang fand, nur aus folgenden vier Bezirken Beisteuern ein, nämlich aus Aarau Fr. 1112. 40; Lenzburg Fr. 161. 15; Bremgarten Fr. 62. 80; Baden Fr. 57; außerdem von einem Freischärler Fr. 14 und von Dr. Brandeis von Lengnau Fr. 70: Summa Fr. 1477. 35, welche dem Hülfsausschuß in Chur zugestellt wurden.

Das Jahr 1847 fand die Eidgenossenschaft zerspalten in zwei Heerlager. Der Sonderbund hatte sich von der alten Treue losgesagt und erhob nun das Banner zum verzweifelten Bürgerkriege. Noch waren in dem verhängnißvollen Feldzuge, den die Tagsatzungsmehrheit gegen die sieben Kantone im Spätherbst jenes Jahres beschlossen hatte, die Würfel der Entscheidung nicht gefallen, als schon für Heilung der Wunden gesorgt wurde, welche diese Kämpfe schlagen konnten. Die Culturgesellschaft ernannte einen Ausschuß von 7 ihrer Mitglieder, welcher den 12. November seine Thätigkeit mit Erlaß eines Aufrufs an die Einwohner des Aargau's eröffnete. Er trug die Worte Arnold v. Winkelrieds als Motto: „Sorgt daheim für Weib und Kind!" und sagt dann weiter: „Unsere Väter, Brüder und Söhne stehen im Felde und schauen dem Tode muthig ins Angesicht! Wir aber, die wir in der Heimath zurückgeblieben sind, laßt uns sorgen, daß Jene dort kummerlos um die Ihrigen im Kampfe stehen. Ohne Unterschied des Standes und des Glaubens, alle Aargauer sind Glieder einer und derselben großen Familie. Laßt uns für Alle wachen, die unseres Beistandes würdig sind. Wer ist dessen würdiger, als jede Haushaltung, die Väter, Söhne und Brüder für das Wohl Aller in den Sturm der Gefahren hinaussandten? — Auf denn, so werde jegliche Gemeinde zu einem Hülfsverein der Ihrigen, die jetzt der männlichen Hülfe in ihrer Arbeit und Gewerbsamkeit entbehren müssen! — Vielleicht aber kehrt dort und hier mancher bisherige Erhalter der Familie nicht mehr in sein Haus zurück oder nur verwundet und arbeitsunfähig.

Aargauer! Sollen wir ein Haus trostlos seinem Schicksale überlassen, wo unsertwillen Noth und Armuth herrschen; wo unsertwillen das Theuerste verloren ward? Nimmermehr; wir sind
Menschen; wir sind Christen! Wer für sein eigenes Haus
Erbarmen von Gott hofft, erbarme sich des Andern! — Keiner
trete zurück von dem frommen Bunde, der jetzt geschlossen werden soll!"

Diese Mahnung, in 8000 Exemplaren verbreitet, fand
überall im Kanton den erhebendsten Anklang; überall bildeten
sich, von den Bezirks-Culturgesellschaften gegründet, Filial-
Hülfsvereine; die Bezirksamtmänner zeigten sich ebenfalls sehr
thätig; Subscriptionen von Haus zu Haus ergaben vieler Orts
reichhaltige Ernten; Aargauische Wehrmänner, die unter den
Waffen standen, sammelten unter sich von ihrem Tagessold.

Da unmittelbar nach Verbreitung jenes Blattes die blutigen
Schläge bei Gislikon und auf dem Rothenberg (den 21. Nov.)
fielen, wobei Aargauische Bataillone mit im Feuer standen,
ergab sich auch bald Gelegenheit, werkthätige Hülfe zu leisten.
Mehrere Aargauer waren in jenen Gefechten gefallen; eine
größere Anzahl litt an schweren Wunden, an denen in der
Folge Viele in den Spitälern starben. Ihren meist ärmern
Familien wurde sofort vorläufige Unterstützung gereicht zur
Linderung der ersten Noth, die um so höher stieg, als Jahre
des Mißwachses der Feldfrüchte vorausgegangen waren.

Die eingegangenen Unterstützungssummen stiegen auf den
ansehnlichen Betrag von Fr. 30,880. 88, wozu auch jetzt wieder
Schweizer und Fremde aus fernen Ländern theils unmittelbar
dem Aargau, theils dem Schweizerischen Hülfsverein in Bern
Liebessteuern sandten. Bei der Verwendung derselben aber
stieß man auf nicht geringe Schwierigkeiten, da es beim besten
Willen fast über menschliche Kräfte ging, eine vollkommen genaue Abstufung unter einer so großen Zahl der verschieden-
artigsten und in ihren Ausgängen oft zweifelhaften Gebrechen
auszumitteln, nach denen sich die Unterstützung richten konnte.

Der Ausschuß setzte daher eine Klasseneintheilung in folgender Weise fest: Zur

I. Klasse, mit Fr. 600 botirt, gehörten Familien Verstorbener oder Schwerverwundeter mit mehreren Kindern.

II. Klasse, mit Fr. 450, Wittwen mit einem Kinde oder leichter Verwundete mit Familie.

III. Klasse, mit Fr. 300, einzelne Wittwen oder Kinder.

IV. Klasse, mit Fr. 150, dürftige Aeltern von Verstorbenen.

V. Klasse, mit Fr. 100, Geschwister von Verstorbenen oder arbeitsfähige Verwundete ohne Familie.

VI. Klasse, mit Fr. 50, leichter Verwundete, die nach kürzerer Zeit geheilt waren.

VII. Klasse, mit Fr. 50, in Folge des Feldzuges leichter Erkrankte.

Schon im Mai 1848 konnte eine erste Hauptvertheilung von Fr. 23,680 an 97 Betheilige vorgenommen werden; eine zweite mit Fr. 3312 fand später statt an 29 andere Personen oder Familien. Für 17 Kinder von umgekommenen Soldaten wurden bis zu deren Volljährigkeit jedem Fr. 180 in die Ersparnißcasse zinstragend angelegt. Der Ueberschuß der ganzen Summe, zugleich mit Fr. 2080, die vom Hülfsausschusse der Tagsatzung eingingen, wurden der Militärcommission zur weitern geeigneten Verwendung eingehändigt.

Der Hülfsausschuß schloß den 18. October 1850 seine Wirksamkeit mit einer öffentlichen Rechenschaft, worin er den Gebern, Sammlern und Vertheilern seinen Herzensdank aussprach. Diese Rechenschaft wird für immer ein Denkmal des edelsten Bürgersinnes bleiben!

Nun ward plötzlich nach den bluttriefenden Erlebnissen der letzten Tage Friede im Vaterlande. Während das ganze übrige Europa in Folge der Pariser Februarrevolution des Jahres 1848 von Neuem in Stürmen aufgährte und in allen Hauptstädten Straßenschlachten raseten und die Völker an den Thronen ihrer Könige rüttelten, berieth die Tagsatzung in Bern ruhig den Entwurf einer neuen Bundesverfassung. Daß der-

selbe im Aargau mit so großer, jubelnder Stimmenmehrheit
angenommen wurde, dazu haben die Mitglieder der Culturgesellschaft in den Bezirken durch ihr belehrendes Wort nicht
wenig beigetragen; und als am 12. September 1848 unzählige
Freudenfeuer die Sanction des Bundesbriefes durch das Schwei-
zervolk verkündeten, da standen jene Männer auch mit auf den
lodernden Berggipfeln und erhoben dankend den Blick zum
Lenker der Völkerschicksale. Es war einer der feierlichsten Augenblicke, welche die Schweizergeschichte kennt!

Allein so neugekräftigt nun auch die Nation aus ihrer langen
und schweren Schicksalsprüfung hervorging, so blieb doch noch
mancher Wundschaden zurück, der nicht so leicht vernarbte.

In den Kantonen des ehemaligen Sonderbündnisses zeigten
sich erst jetzt recht die Folgen jenes unseligen Beginnens. Noch
lag drückend auf ihnen eine davon herstammende Schuld von
Fr. 2,300,000, welche sie an die eidgenössische Casse zu ent-
richten hatten. Im Gefühl des Unvermögens, sie zu erschwin-
gen, wandten sich ihre Regierungen wiederholt, doch vergeblich,
um Nachlaß an die Bundesbehörden. Da ging im Jahre 1852
von einer vaterländischen Gesellschaft, dem Cercle national in
Genf, den lorbeergekrönten General Dufour an der Spitze,
der große Gedanke aus, den bedrängten Mitteidgenossen, gegen
welche man soeben noch in Waffen gestanden, nun durch eine
freiwillige Nationalsubscription zu helfen. Auch die Bezirksgesellschaft von Aarau ergriff lebhaft diesen Vorschlag. In
ihrer öffentlichen Bitte „an die Aargauer" rief sie: „Wir standen in den Vorderreihen der Kämpfer, als es galt, Schmach
und Unheil vom Schweizerlande abzuwenden; wir wollen uns
auch jetzt wieder in die Vorderreihen stellen, wo es gilt, ein
Werk heiliger Versöhnung zu stiften. Die Völkerschaften jener
sieben Kantone waren nie unsere Feinde; wir haben sie nur
immer als Verirrte betrachtet. Haben sie schwer gefehlt, so haben
sie dafür auch hart gebüßt, und Schweizer zürnen ihren Brüdern nicht ewig." — Die Aargauische Bevölkerung nahm diese
Aufforderung anfänglich mit Ueberraschung auf; in manchem

Gemüthe war der Groll von ehemals noch nicht völlig erloschen. Dazu kam, daß Verfassungswirren gerade den Kanton bewegten und Theurung die ärmern Volksklassen bedrängte, was der Subscription manchen Eintrag that. Dennoch, als die Geistlichen beider Bekenntnisse in ihren Kanzelvorträgen dafür das Wort führten und Mitglieder der Gesellschaft in allen Bezirken sich thätig rührten, fand das Unternehmen weithin freundliches Entgegenkommen. An vielen Orten wurden sogar Concerte und Schauspiele zu Gunsten desselben gegeben. Im Aargau fiel eine Beisteuer von Fr. 12,846. 37, wobei die vom Bischof in Solothurn angeordnete Diöcesan-Collecte nicht mitgezählt ist. Diese ganze Subscription aus allen Kantonen und von den Schweizern im Auslande betrug Fr. 258,130. 79. Ein schweizerisches Centralcomite, zu welchem die meisten Kantone — von Aargau die Culturgesellschaft — ihre Abgeordneten gesandt hatten, leitete unter Vorsitz von Pestalozzi-Hofmeister von Zürich das Unternehmen und trat schließlich mit einer Bittschrift um Nachlaß der Gesammtschuld vor die eidgenössischen Räthe. Den 5. August 1852 gewährte der Ständerath mit 27 gegen 13, und am 12. August der Nationalrath mit 63 gegen 26 Stimmen das außerordentliche Gesuch — eine Schlußnahme voll Kraft und Milde zugleich, welche nicht wenig dazu beitrug, die neuen Bundeseinrichtungen zu befestigen. — Kaum hat wohl je ein anderes Volk eine That so hohen Edelmuthes in seinen Geschichtsblättern aufzuweisen!

Eine unerwartete Verwicklung entstand im Anfange 1853 zwischen der Schweiz und Oesterreich in der Tessinerangelegenheit. In diesem enetbürgischen Kantone hatte der Große Rath bei Berathung des neuen Schulgesetzes die höhern Unterrichtsanstalten aus der Hand ihrer bisherigen Leiter, der Geistlichkeit, genommen, mehrere Collegien ganz aufgehoben, und fremdländische Capuziner, darunter österreichische Unterthanen, welche gegen diese Verfügungen das Volk aufzuhetzen versuchten, des Landes verwiesen. Oesterreich verlangte gebieterisch ihre Zurückberufung oder Pensionirung. Bald darauf gab ein furcht-

barer, aber schnell durch die Militärgewalt wieder gedämpfter
Volksaufstand in Mailand in den ersten Februartagen dem Ca-
binet zu Wien neuen Anlaß zu den härtesten Beschuldigungen
gegen Tessin: es sei dieser Kanton ein Herd des Aufruhrs und
es finden dort italienische Revolutionsmänner, welche Ränke
gegen das lombardische Königreich brüten, Aufenthalt und
Schutz. Vergeblich klärte der Bundesrath, der seinen Abgeordneten Bourgeois zur Untersuchung hingesandt hatte, die kaiserliche Regierung darüber auf, daß Tessin in seinem vollen
Rechte und an jenen Umtrieben unbetheiligt dastehe. Oesterreich,
in immer steigender Erbitterung, stellte an die Schweiz mit der
Anmaßung eines Gewaltsherrn gegen einen Vasallen Forde-
rungen, die ein freies Volk sich nimmer gefallen läßt. Als der
Bundesrath dieselben entschieden abwies, umgab Oesterreich
jenen Kanton mit einem starken Militärgürtel und hemmte für
Monate lang den Verkehr zwischen beiden Ländern, um, wie
General Singer, der Befehlshaber jener aufgestellten Macht,
in seiner Proclamation es aussprach: „die Anarchie in ihr
eigenes Netz zurückzudrängen." Zuletzt ergriff es eine der härtesten Maßregeln, die in der neuern Geschichte ohne Beispiel
ist: — es wies mitten im Winter gegen 5000 Tessiner, meist
ärmere Leute, die zu Mailand seit Jahren haushäblich niedergelassen waren und dort friedlich ihrem Gewerbe nachgingen,
plötzlich aus der Lombardei fort. Diese völkerrechtswidrige
Brutalität entrüstete mit Recht die Wohldenkenden aller Nationen
und verletzte den Schweizer bis auf's Blut. Ein Schrei ging
durch's ganze Land. Die schweizerische gemeinnützige Gesellschaft begann sogleich eine Sammlung von Gaben für die armen
Verstoßenen und ihr folgte die Culturgesellschaft des Aargau
auf schnelle Anordnung ihres geschäftsleitenden Ausschusses in
Bremgarten hin. Die Gesammtsumme aller aus dem Aargau
geflossenen Beiträge hier anzugeben, ist uns deßhalb nicht möglich, weil sie von den Gesellschaften, sowie von Privaten ver-
einzelt theils dem Vorstande im Bremgarten, theils dem Hülfscomite in Zürich, theils auch directe der Tessiner Regierung

zugesendet wurden. Die Sammlung der Gesellschaft von Aarau
bestand in Fr. 1734. Mit diesen Spenden ward der Noth
der Ausgewiesenen vielfach abgeholfen, zumal denselben erst
wieder lange nachher die Rückkehr nach Mailand gestattet wurde.
Die Spannung zwischen beiden Ländern dauerte noch den größ=
ten Theil des Jahres hindurch fort; es drohte sogar Kriegs=
ausbruch, den jedoch die Diplomatie glücklich verhinderte.

Der Septemberaufstand der Neuenburgischen Royalisten
im Jahre 1856, die kriegerischen Rüstungen Preußens gegen die
Schweiz und die einmüthige, große Erhebung des Vaterlandes
in Waffen während des folgenden Winters weckte unter den
Culturgesellschaften ebenfalls begeisterte Thätigkeit. Schon be=
gann man wieder allwärts Gaben für die Opfer der bevor=
stehenden Kämpfe zu sammeln. Allein noch zur eilften Stunde
ließ der kaiserliche Nachbar Ludwig Bonaparte seine bons offices
eintreten, so daß Preußen bald darauf seine Ansprüche auf
Neuenburg aufgab und die Schweizerische Armee ohne Schwert=
streich wieder von den Grenzen in ihre Heimath ziehen konnte.

Zwischen diese kriegsdrohenden Ereignisse hinein fiel ein
Sturm in der Natur. Den 25. und 26. Juli 1855 durchzuckte
ein Erdbeben die Gebirgskette der Alpen und machte sich nach
weithin in andern Ländern fühlbar. Den Mittelpunkt seiner
Erschütterungen bildeten die Bezirke Visp und Brieg im Ober=
wallis, wo die sich furchtbar wiederholenden Stöße Kirchen und
einen Theil der Wohnungen in Trümmer warfen. Die erschreck=
ten Einwohner flohen in's Freie und campirten dort tagelang
unter Zelten. Um ihnen noch vor dem Winter wieder Obdach
zu schaffen, that schneller Beistand auch aus andern Kantonen
Noth, da die Betroffenen meist arme Hirten waren. Die Aar=
gauische Culturgesellschaft blieb auch hier nicht zurück. Bis zu
Ende des Jahres waren Fr. 2848. 71 gesammelt, die an das
Hülfscomite in Sitten abgingen und vom Staatsrathe von
Curten auf's Wärmste verdankt wurden.

Ueber allen diesen Liebeswerken in die Ferne und Nähe stand
der Gesellschaft aber der eigentliche Lebenszweck, den sie sich

vorgesetzt, immer fest vor dem Blicke. Die große Angelegenheit, welche durch Jahrzehnte ihr stehender Traktandenartikel blieb und sich beinahe in jeder allgemeinen, wie in jeder besondern Versammlung stets wieder in den Vordergrund drängte, war die Armenfrage. Hervorgerufen wurde sie am dringendsten durch die Noth, die sich in Folge der Erkrankung der Erdäpfel seit 1845 an fast jeden Frühling erneute und zu immer weiterer Ausdehnung heranwuchs. Da kamen lange verdeckt gebliebene Schäden in den untersten Schichten unsers Volkslebens zum Vorschein, von denen weder die Behörden noch sonstige einsichtsvolle Menschenfreunde bisher eine Ahnung gehabt hatten. Denn nicht nur die äußerste Mittellosigkeit zur Befriedigung der leiblichen Bedürfnisse in zahlreichen Familien des Landes ward offenbar, sondern die noch viel erschreckendere sittliche Verkommenheit von Manchen darunter: die liederliche Arbeitsscheu, die Abgestumpftheit gegen alle Mittel zur Selbsthülfe und der Mangel an jeder religiösen Kraft mit dem ganzen Gefolge von Lastern, welche daraus entspringen. Vorzüglich erregte der Zustand der Kinder solcher armen Familien die ernstesten Bedenken, da dieselben, meist in der Verwilderung des Bettels aufwachsend, nicht nur alle Sünden der Alten erbten, sondern sie noch für eine unabsehbare Zukunft fortpflanzten. Ueber Mittel, diesem Verderben des „Pauperismus“ — denn dies war der bezeichnende Ausdruck der Zeit — mit Macht entgegenzutreten, ward nun unendlich viel berathen. Mancher Vorschlag wurde auch ausgeführt mit mehr oder weniger Glück. In verschiedenen Bezirken und Gemeinden gründete man Vereine zur Abstellung des Bettels, wobei die Mitglieder sich verpflichteten, keinem herumschweifenden Bettler mehr im Hause Almosen zu reichen, dagegen die Gaben der Wohlthätigkeit in eine gemeinschaftliche Casse zu legen, woraus dann die armen Familien unterstützt wurden. Solche Vereine gediehen zur erfreulichsten Blüthe in Baden, Brugg, Lenzburg, Zofingen und einigen Gemeinden des Bezirks Kulm; anderwärts gelangen sie entweder gar nicht, oder gingen bald wieder ein, wenn reichlichere

Ernten den Nothstand für.Augenblicke linderten. — Ein nicht minder menschenfreundlicher Versuch war die Aufstellung frei= williger Armenpflegen neben den gesetzlichen. Diese christliche Freiwilligkeit begnügte sich nicht nur mit zeitweiliger oder regel= mäßiger Gabenspende, sondern sie ging der Armuth in ihre Hütten nach und tröstete und richtete die Gebeugten auf und mahnte einbringlich, wo es Noth that, zu Gebet und Arbeit. Solche Pflegen bestanden nicht bloß aus Männern, sondern vielfach wurden auch die Frauen herbeigezogen, welche nun geräuschlos= still, aber mit der ganzen Treue weiblicher Hingebung ihr Tabithawerk ausrichteten. Gewiß wurden derartige Bestrebungen im Einzelnen oft mit den schönsten Erfolgen gekrönt. — In dieses Kapitel schlägt auch die Aufmerksamkeit, welche die Ge= sellschaft in jenen herben Zeiten der Armennoth von Neuem dem Auswanderungswesen weihte. Konnte auch in jedem Falle kaum verhindert werden, daß die Auswanderer nach Amerika nicht noch größerem Elende in ihrer neuen Heimath entgegen= gingen, so wurde doch durch den Einfluß der Culturgesellschaft mehr Regel und Ordnung in diese Angelegenheit gebracht und manche Gemeinde, vor Allem aber die Kantonalbehörden, ließen sich die Sorge für ihre über den Ocean ziehenden Mitbürger nun angelegener sein als sonst.

Aber dieses Alles war meist nur Nothbehelf für den Augen= blick oder für Einzelne; eine Abwehr, daß der stets höher schwel= lende Strom des Pauperismus nicht hie und da über die Ufer fluthete, aber nicht Heilung des Volksschadens von Grund aus. Vergeblich rieth man Jahre lang hin und her über Verbesse= rungen der Armengesetze. Endlich trat aus diesen Besprechungen zu immer größerer Klarheit hervor, das einzige Heil liege in guter Erziehung der verwahrlosten Jugend. Landwirthschaftliche Anstalten und Rettungsasyle kamen nun häufig zur Sprache. Schon waren edelmüthige Privaten durch Gründung solcher Anstalten in Kasteln und auf Friedberg bei Seengen mit nachahmungswürdigem Beispiele vorangegangen. Auch die Pestalozzi=Anstalt in Olsberg, am hundertjährigen Geburts=

tage des großen Armenbildners gegründet, hatte viel Gutes gefördert, so daß ihr öconomischer Untergang nach kaum vierzehn-
jährigem Bestehen tiefen Unwillen in der Eidgenossenschaft
erregte. Der Staat Aargau übernahm sodann ihre weitere
Fortführung. Allein auch durch Anstalten dieser Art konnte die
Wohlthat besserer Erziehung nur verhältnißmäßig wenigen Kindern zu Theil werden, während die Masse der Uebrigen unbe-
rücksichtigt blieb. Da trat die Generalversammlung vom 24.
September 1856 mit dem Grundgedanken auf: Versorgung
aller armen, der Verwahrlosung entgegengehenden
Kinder in rechtschaffene Familienkreise und Unter-
bringung von schon bis zum Verbrechen gesunkenen
in Rettungsanstalten. Dieser Gedanke schlug wie ein hell
leuchtender Blitz in die Gemüther; nun endlich war das Rechte
getroffen! Zofingen ging alsbald und zuerst mit dem preis-
würdigsten Beispiele voran; ihm folgte Brugg und einige Jahre
später auch Kulm und Aarau. — Wir werden diese Bestrebungen
im Einzelnen verfolgen:

„Wer ein Kind aufnimmt in meinem Namen, der nimmt
mich auf, und was ihr dem Geringsten unter meinen Brüdern
thut, das habt ihr mir gethan!" Mit diesem Ausspruche des
göttlichen Welterlösers begann in Zofingen vom Neujahr
1856 an die von der Culturgesellschaft ernannte Commission der
Kinder-Versorgungsanstalt ihr wahrhaft christliches Unternehmen. Wie ein steiler, hoher Berg lag die schwer zu überwindende Aufgabe vor ihr; sie fühlte, daß sie dieselbe nur mit
Gottes Beistand und der Mithülfe aller Wohlthätiggesinnten im
Bezirke vollbringen könne. Es wurden nun s. g. Halbbaten-
Vereine gebildet von Solchen, die sich verpflichteten, jede Woche
wenigstens 5 Rappen in die gemeinsame Casse zu legen. Trotz
der Neuheit der Sache nahm dieselbe dennoch einen überraschend
günstigen Anfang. Nach Jahresfrist waren bereits in 15 Gemeinden jene Vereine ins Leben gerufen und Fr. 3446. 60
durch sie zusammengebracht. Dazu hatte hauptsächlich das
freundliche Entgegenkommen von Frauen und Töchtern zu Stadt

und Land geholfen, die es sich nicht verdrießen ließen, als Sammlerinnen von Haus zu Haus die Gaben in Empfang zu nehmen. — Eine zweite Sorge betraf dann die Kinder selbst. Zwar eine Anzahl solcher zu finden, welche wegen großer Dürftigkeit oder auch Roheit und sittlicher Verkommenheit ihrer Aeltern eine schlechte Erziehung erhielten, in Unreinlichkeit und Bettelmüßiggang aufwuchsen, war leider keineswegs schwierig. Mehr Mühe kostete es dagegen, alle diese Aeltern zu bewegen, ihre Kinder dem Verein zu überlassen, denn in dem gesunkensten Vater= und Mutterherzen regt sich doch noch immer ein Funke von Anhänglichkeit zum eigenen Fleisch und Blut. Weitaus aber das Schwerste der Arbeit bestand im Auffinden von christlich=ehrbaren Haushaltungen, die geneigt waren, fremde Kinder bei sich aufzunehmen. Als Grundsatz wurde dabei festgehalten, diese Pflegeältern nicht im Kreise der heimathlichen Gemeinden zu wählen, sondern wenn möglich stundenweit entfernt an andern Orten, damit nicht nur die Besuche der Aeltern, welche von schlimmem Einflusse sein konnten, möglichst erschwert oder verhindert, sondern auch die Kinder allen ihren bisherigen Umgebungen entrückt, in anderer Luft, unter neuen Verhältnissen körperlich und geistig um so frischer gedeihen könnten. Besonders im Anfang griff man bei der Wahl der Pflegeältern — wie das kaum anders sein konnte — mitunter fehl; denn es gab immer Solche, die nur um des Kostgeldes willen, nicht aus reinem Gefühle des Wohlthuns sich ihrer Pfleglinge annahmen. Allein theils wurden die Kostgeldsverträge nur für ein Probejahr abgeschlossen, theils versicherte sich die Gesellschaft durch immer wieder neu vorgenommene Inspectionen von dem Befinden der jenen Familien anvertrauten Kleinen. Wo es sich ergab, daß Letztere nicht nach Vorschrift der Verträge gehörig genährt oder zur Schule und Arbeit angehalten wurden, oder wo sonstige Mißstände hervortraten, da wurde unverzüglich das Kind weggenommen und anderwärts untergebracht. Doch kamen diese Fälle nur zur Seltenheit vor. Der Jahresbericht von 1860 — also nach einer bereits fünfjährigen Erfahrung — freut sich

der Thatsache, daß beinahe sämmtliche Pflegeältern ihre Pflich=
ten treu erfüllt haben und daß die meisten Pfleglinge wie Glie=
der ihrer neuen Familie gehalten werden und sich auch als solche
fühlen. Jede Erinnerung, daß sie denselben wieder könnten
entzogen werden, presse ihnen Thränen aus. Es wird erwähnt,
wie ältere, zum Theil nicht mehr schulpflichtige Kinder, die
vordem kaum das A B C kannten, nun durch einen regel=
mäßigen Schulbesuch in ihren Leistungen so gefördert wurden,
daß sie zu den Besten ihrer Klasse gehören; daß vordem ver=
dorbene Bettelbuben sich nunmehr sehr folgsam und ordnungs=
liebend zeigen; daß Solche, die einst unverbesserliche Lügner
und Diebe schienen, sich gänzlich änderten, und daß blasse,
durch schlechte Nahrung und Wohnung körperlich Verkümmerte
nun die Blüthe der Gesundheit auf ihrem Antlitze tragen.

Die Thätigkeit der Gesellschaft, derartige Erfolge zu errin=
gen, war außerordentlich. Wir führen aus ihren Jahresberichten
an, daß im Jahre 1857 51, 1858 62, 1859 67, 1860 74
Kinder unter ihrer Aufsicht und Pflege versorgt waren. Die
Ausgaben an Kost= und Lehrgeldern im letztgenannten Jahre
betrugen Fr. 4458. 65, wozu noch für Arzt= und Apothekerkosten
Fr. 31. 25 kamen. Die Einnahme des gleichen Jahres, bestehend
aus der Fünfrappen=Steuer, aus Beiträgen der Culturgesell=
schaft in Zofingen, dem Jahresbeitrag der Aargauischen Justiz=
direction, welche sich aller dieser Vereine in anerkennenswürdig=
ster Weise annimmt und in den letzten Jahren jedem derselben
Fr. 800 schenkte, und aus sonstigen Geschenken und Legaten
(im Jahre 1859/60 Fr. 1415) belief sich auf Fr. 7007. 59.
In der Ersparnißcasse von Zofingen sind zinstragend angelegt
Fr. 2343.

Der hochherzige Vorgang von Zofingen, sowie der Beschluß
der Generalversammlung von 1856 feuerte die Gesellschaft von
Brugg zu gleicher Unternehmung an. Ein Aufruf zu Bei=
trägen an die Gemeinden, im Spätsommer 1857 erlassen, trug
gleich Anfangs so reichliche Frucht, daß freudigen Muthes in
den letzten Tagen des Jahres mit Uebernahme der drei ersten

Kinder begonnen werden konnte. Die Zahl stieg bald in die Vierzig. Doch nachdem die Fluthzeit der ersten Theilnahme vorüber war, erfuhr man auch hier, daß das Gute nur in ausdauernder Anstrengung errungen werden könne. Die Blindheit und der thörichte Widerstand von Aeltern, das Schwanken vieler Pflegeältern, das Zurücktreten mancher anfänglich Beisteuernden vom Verein, selbst die Lässigkeit von Gemeindearmenpflegen zogen nicht selten verdrießliche Querstriche in den Fortgang der Sache. In den meisten Dörfern hatte man sich bis jetzt der Versorgung der ärmsten, zum Theil älternlosen Kinder, welche der Armencasse zur Last fielen, obwohl dem Gesetze zuwider, durch s. g. Mindersteigerungen, einem wahren Sclavenmarkt, entledigt, oder man brachte dieselben in Spitteln unter, die gar oft nur Kloaken sind für den Auswurf der Gemeinde. Solches eingerostete Unwesen läßt sich nicht gleich durch Beschlüsse freiwilliger Vereine heben. Doch auch Erfreuliches kam oft unerwartet. In mehreren Dörfern sammelten selbst die Schulkinder mit ihren Lehrern kleine Beitragssummen. Durch das Geschenk eines Mitgliedes von Fr. 100 wurde der Grund zu einem Besitzthume für jedes der versorgten Kinder gelegt; spätere Gaben äufneten diesen Fond, der sich als Keim der wohlthätigsten Folgen heranbildet. Die Zahl der untergebrachten Kinder betrug 1858 34, 1859 47, 1860 63, davon 2 in Anstalten. Der letzte Bericht von 1860 blickt mit dankbarer Befriedigung auf das Gedeihen der Arbeit in den drei ersten Jahren, als auf ein fröhlich grünendes Saatfeld zurück. Auch hier heißt es: gar manches Adoptivkind des Vereins sei bereits in treuer Pflege ein ganz anderes geworden, gesund, reinlich und ordentlich, heiter-thätig, fleißig in der Schule wie bei der Arbeit in Haus und Feld, während es kränkelnd, von schlechtem Aussehen, unreinlich, jämmerlich bekleidet, ungewohnt einer geordneten Thätigkeit und unwissend ins Pflegehaus getreten war. Von den Meisten steht zu hoffen, daß sie einst als brauchbare und sittliche Glieder der menschlichen Gesellschaft ihr Brod ehrlich erwerben können. Auch die Hülfsmittel mehrten sich

zusehends; alle 34 Gemeinden des Bezirks sind jetzt mit regel=
mäßigen Beiträgen vertreten. Bei der Sammlung halfen viele
Lehrer mit, die der Sache mit Herz und Hand zugethan sind. Be=
reits ist Brugg auch schon einen Schritt weiter gegangen, mit
dem Gedanken an Gründung eines eigenen Rettungshauses für
die Aermsten der armen Kinder, die gänzlich verwahrlost schon
bis zum Verbrechen sanken. Als ersten „Einbund" dafür wird
die Summe von Fr. 2000 begrüßt, die aus Gaben von Wohl=
thätern, aus einer festtäglichen Kirchensteuer und einem Ge=
schenke der Regierung besteht. Mögen auf diesen ersten Grund
bald noch weitere Bausteine gelegt werden!

Der dritte Bezirk, in welchem ein Verein für Versorgung
armer Kinder durch die Culturgesellschaft im Jahre 1859 in's
Leben gerufen wurde, ist Kulm, wo durch den Verein des
Suhrenthales in 9 Gemeinden bis jetzt 20 Kinder verkost=
geldet sind. Die Jahreseinnahmen und Ausgaben betragen dort
durchschnittlich Fr. 1100.

Als vierter Bezirk reihte sich im Jahre 1860 Aarau an.
Der erste Jahresbericht meldet 28 bereits versorgte Kinder und
eine Einnahme von Fr. 3136. 68. Ueberall wird nach den
gleichen Grundsätzen verfahren, wie in Zofingen und Brugg.

Neuerlich regt es sich nun in Lenzburg, Bremgarten, Muri
und anderwärts nach der Wohlthat ähnlicher Stiftungen; sie
sind in der That ächt Gold, Weihrauch und Myrrhen, die der
hülflosen Kindheit dargebracht werden!

Gerne hätte ich nun auch noch Bericht erstattet über das
vollendete Gelingen eines andern Vorhabens, mit dem sich die
Gesellschaft schon seit Jahren trug — eines Schutzaufsichts=
vereins über entlassene Sträflinge, wie ein solcher be=
sonders im Nachbarkantone Zürich längst segenbringend besteht.
Allein wir sind trotz allen bisherigen Mühen noch nicht über
die Berathung von Entwürfen hinausgekommen. Gut Ding
will oft Weil haben!.

Ebenso fällt einem Geschichtschreiber der Zukunft anheim,
das Endergebniß der zahlreichen Besprechungen über den Ent=

wurf eines neuen Schulgesetzes zu melden, den die Regierung den Culturgesellschaften, um ihre Ansicht zu erfahren, jüngsthin vorlegte. Schon jetzt ist darüber eine ganze Literatur von Flugschriften mit Bedenken und Vorschlägen der mannigfaltigsten Art erwachsen.

Nach geschehener Aufzählung gemeinsamer Bestrebungen der Culturgesellschaft in diesem Zeitraume sei hier nun noch ein kurzer Ueberblick über die bedeutendsten Arbeiten der einzelnen Bezirksgesellschaften während desselben gegeben.

Aarau. Es fehlte der Stadt seit ihrem Bestehen an gutem Trinkwasser, diesem so wichtigen Erfordernisse zur Erhaltung der Gesundheit unter der Bevölkerung. Die meisten Brunnen wurden vom Wasser des Baches gespeist, der, im Entfelder Thale entspringend, durch das Dorf Suhr strömt und dann noch eine halbe Stunde weit neben der von dorther führenden Straße hinläuft, also vielerlei Verunreinigung ausgesetzt ist und im Sommer von der Sonnenwärme flau und matt wird. Schon im vorigen Jahrhundert beschäftigten sich unsere Väter vielfach mit Auffindung näherer und frischerer Quellen, allein ebenso fruchtlos, als die Gesellschaft es mit Hülfe von Wasserschmeckern und angestellten Bohrversuchen und Nachgrabungen im Anfange der Vierziger Jahre eifrig that. Man stieß wohl hie und da auf Wasseradern, die aber nicht reichlich genug flossen. Der Gemeinderath von Aarau, angeregt durch jene Versuche, nahm die Sache endlich zur Hand, doch auch ihm glückte es erst vor Kurzem, im Innern des Göhnhardberges, der südlich von der Stadt in einiger Entfernung von ihr aufsteigt, einen sehr reichhaltigen Born des trefflichsten Quellenwassers, womit über 150 Brunnenröhren versehen werden können, zu entdecken. Um ihn der Stadt zuzuführen, bedurfte es eines 2500 Fuß langen, den Berg von der Brunnenstube an quer durchschneidenden gewölbten Stollens und dann einer 6100 Fuß langen eisernen Röhrenleitung, tief im Boden, bis oberhalb der Stadt, von wo sie sich durch alle Straßen hin verzweigt. Mit einem Kostenaufwand von über Fr. 72,000 wurde das Werk vollendet und das erste Herbeirauſchen des Quells, als „eines Labſals für Geſunde und Kranke", von der ganzen Bevölkerung am 24. Auguſt 1860 feſtlich und frohlockend begrüßt.

Das Jahr 1843 gab einer Sonntagsſchule ihr Entſtehen. Ihr Zweck war und bleibt bis zur Stunde: Handwerksgeſellen und Lehrknaben die Mittel zu bieten, ſich in den gewöhnlichen Elementarfächern mit Berückſichtigung des ergriffenen Gewerbes weiter zu bilden, den Geſchmack an nützlicher Beſchäftigung zu wecken und damit auch dem verderblichen Wirthshausleben an Sonntagnachmittagen entgegenzuwirken. Es wird an dieſen Nachmittagen und im Winter am Abend je eines Wochentages im Richtigſchreiben, Rechnen, einfacher Buchhaltung und ſowohl techniſchem als Kunſtzeichnen unterrichtet. Auch fehlen Geſangübungen nicht. Mit einem Lehrer wurde der Anfang gemacht; gegenwärtig ſind ihrer Vier angeſtellt. Eine Bibliothek mit paſſendem Leſeſtoff, meiſt aus eingegangenen Geſchenken beſtehend, iſt den jungen Leuten zur häuslichen Lectüre geöffnet. Oefters wurden ſchon den beſſern Schülern, um Wetteifer zu erwecken, am Ende des Curſes Prämien ertheilt. Die Anzahl der Beſucher wechſelt zwiſchen 50 und 70, ſchmilzt aber beim Frühjahrsanbruch gewöhnlich ſehr zuſammen. Die Koſten der Anſtalt werden hauptſächlich von der Culturgeſellſchaft beſtritten; doch leiſten auch der Bürger- und Einwohnerverein der Stadt, wie die Erziehungsdirection namhafte Beiträge daran.

Ueber die Urſachen des häufig vorkommenden Kretinismus im Kanton wurden auf Anregung der ſchweizeriſchen gemeinnützigen Geſellſchaft vielerlei Nachforſchungen angeſtellt. Der preußiſche Hauptmann Michaelis, welchem wir eine vorzügliche Karte des Kantons zu danken haben, gab auf Wunſch und Koſten der Geſellſchaft auch eine Karte über Verbreitung des Kretinismus im Kanton heraus.

Unter ihren vielen ſonſtigen Arbeiten heben wir noch hervor: die Verſuche zur Einführung einer Dienſtbotenordnung in Aarau, von Maulbeerpflanzungen, eines Antiwuchervereins, einer Ackerbauſchule, der Strohflechterei im Bezirke; ferner die

Einrichtung einer Badeanstalt in der Aare, auf Actien gegründet, welche sich einige Jahre großen Zuspruchs erfreute, dann aber bei der außerordentlichen Wassergröße im Herbst 1852 vom Strom weggerissen wurde; ihr folgte eine zweite, von Privaten gebaut. Gemeinschaftlich mit dem Bürger= und Einwohner= verein wurde auf halbjährliche Rechnungsstellung der Hand= werker hingewirkt. Den Turnunterricht für Mädchen setzte, nachdem die dafür von dem Verein angestellte Lehrerin Aarau verlassen hatte, Turnlehrer Zürcher erfolgreich fort. In dem Nothjahre 1854 entstand eine Sparsuppenanstalt für arme Ar= beiter auf Actien. In Verbindung mit dem Münchner=Verein gegen Thierquälerei wurden dessen Flugschriften verbreitet, was ohne Zweifel den Anstoß zum Erlaß des Gesetzes vom 23. No= vember 1854 durch den Großen Rath gab. Wo irgend sonst ein gemeinnütziges Unternehmen zu fördern, oder eine Wunde im Vaterlande zu heilen war, z. B. beim großen Brandunglück von Kappel, blieb die Aarauer Gesellschaft nie die Letzte, welche thätige Hand bot.

Baden reconstituirte sich im Juli 1837, hatte aber an= fänglich gegen viele Schwierigkeiten zu kämpfen, was wieder den Abfall mancher Mitglieder zur Folge hatte, obwohl Pfarrer Konrad von Wohlenschwyl zum muthigen Ausharren dringend mahnte. Wiederholt sprach derselbe gegenüber den um passen= den Verhandlungsstoff Verlegenen aus: „es müsse der Stoff gleichsam aus dem Zeitstrome aufgefangen werden!" Als man ihm gehorchte, ging's in der That besser; doch erst im J. 1840, wo sich die Gesellschaft in drei Sectionen theilte — von denen Eine sich mit Landwirthschaft und Oeconomie, die Andere mit Handel und Gewerbe, die Dritte mit Volksbildung und Wissen= schaft überhaupt zu beschäftigen hatte — und noch mehr im J. 1842, wo auf eine gedruckte Einladung hin 53 neue Mit= glieder beitraten, kam die gesellschaftliche Thätigkeit in regern Fluß. Da waren Bereitung des Kartoffelbrodes, Vertilgung der Engerlinge und Maikäfer, Vermehrung und Veredlung des Obstbaues, Gersten= und Hopfenpflanzungen, Pferde=, Rind=

vieh- und Schweinezucht Themata der ersten Section, bei deren Besprechung Pfarrer Hotz in Würenlingen besonders eifrig mitwirkte, wie denn überhaupt die Geistlichen des Bezirkes in Förderung der Vereinszwecke auf's Löblichste vorangingen. Von den andern Sectionen wurde die Verbesserung des Strafhauswesens in Anregung gebracht. Die Ueberhandnahme der vielen Prozesse führte auf den Gedanken, Friedensvereine zu stiften zur freiwilligen Schlichtung der Streitigkeiten ohne Anrufung eines richterlichen Entscheides. Für Fortbildungsschulen wurde wacker gearbeitet durch Aussetzung von Prämien von Lehrern, welche Sonntagsschulen hielten. Die Verlegung des Lehrerseminars in das aufgehobene Kloster Wettingen, sowie der Bau der ersten Eisenbahn in der Schweiz, von Baden nach Zürich, nahm das hohe Interesse der Gesellschaft in Anspruch; Beides förderte sie nach Kräften. Aber die werthvollste Stiftung der damaligen Blüthezeit des Culturlebens in Baden, wo selbst in einzelnen Dörfern zugewandte Töchtervereine entstanden, war die einer Ersparnißcasse für den Bezirk im Jahre 1843, welche seitdem erfreulichen Fortgang hatte. — Obwohl wir vom Herbste 1849 an einer neuen beträchtlichen Verminderung der Mitgliederzahl begegnen — sie sank von 61 bis auf 31 herab — so bewahrte die Gesellschaft doch noch immer einen lebendigen Kern, aus welchem wieder grüne Sprossen hervortrieben: die Taubstummenanstalt im J. 1850, der Almosenverein zur Abstellung des verderblichen Landbettels im J. 1855, welcher wegen seiner trefflichen Einrichtung andern ähnlichen Unternehmungen im Kanton als Muster diente, und der Frauenverein zur Heranbildung armer oder verwahrloster Mädchen zu tüchtigen Arbeiterinnen und Mägden. Zwei Male, in den Jahren 1844 und 1849, ward Baden mit der Würde beehrt, leitender Ausschuß der Gesamntgesellschaft zu sein.

Bremgarten bezeichnete sein Wiederaufleben ebenfalls und gemeinschaftlich mit Muri durch Gründung einer Ersparnißcasse, welche gegenwärtig eine Einlagesumme von Fr. 200,000 besitzt. Zur Hebung der Volksbildung wurden Jugend- und

Dorfbibliotheken in Bremgarten, Wohlen, Sarmenstorf, Villmergen und Hägglingen und eine Handwerkerschule in Bremgarten angelegt, welche Letztere unter Neracher und Wietlisbach mehrere Jahre Treffliches leistete. Aehnliche Sonntagsschulen entstanden und bestehen zum Theil noch bis jetzt in sieben andern Ortschaften. Die Reußcorrection bei Fischbach nahm die Mithülfe der Gesellschaft wiederholt in Anspruch. Fortwährend schenkte sie der Hebung der Landwirthschaft ihr Augenmerk und es ging von ihr aus mehrfache Förderung der Bienenzucht durch Vertheilung einer darauf bezüglichen Druckschrift, Anlegung einer Obstbaumschule, Belehrungen über Waldbau, namentlich über Waldfeld-Cultur, über Anwendung des Gypses, über Wechselwirthschaft der Felder, über den Anbau von Mais und Runkeln u. s. w. Es darf ferner nicht unbeachtet bleiben, daß seit dem Bestehen der Gesellschaft von Bremgarten die Gewerbsthätigkeit und der Handel im Bezirke ansehnlich an Ausdehnung gewann; besonders gilt dies von der Stroh- und Roßhaarfabrikation, welche in allen größern Ortschaften, vor Allem in Wohlen, aber auch in Bremgarten, Hägglingen, Villmergen, Sarmenstorf und Lunkhofen bedeutende Etablissements hervorrief. Ebenso beginnt auch nach andern Seiten hin industrielles Leben zu erwachen, von denen das freie Amt in früherer Zeit wenig Spuren zeigte. Sogar zwei Buchdruckereien, in Bremgarten und Sarmenstorf, haben sich nun schon in dem Ländchen aufgethan, das vor 60 Jahren noch fast keine Schulbildung kannte. Darum hatte die dortige Bevölkerung wohl ein besonderes Recht, die 50jährige Gedenkfeier des Entstehens des Kantons Aargau, welche auf Veranstalten der Culturgesellschaft am 3. September 1853 in Bremgarten begangen wurde, so freudig zu begrüßen. Kaum faßte die Kirche den Andrang der Menge, die vernehmen wollte, wie der Festredner des Tages, Seminardirector Keller, die Vorgeschichte des Aargau und die Segnungen des bisherigen Verbandes mit den andern Landestheilen in Meisterzügen darstellte. Besonders der Nachmittag ward zum eigentlichen Volksfeste und beim Eintritt der

Dämmerung leuchteten die Berghöhen weit umher von Feuer=
zeichen des allgemeinen Jubels.

Brugg nahm den fallen gelassenen Faden seiner gemein=
nützigen Thätigkeit im Jahre 1838 wieder auf, theilte sich von
nun aber nicht mehr in besondere Klassen, wie früher, weil,
wie sich Einer der letzten Präsidenten ausdrückte, „nach den ge=
machten Erfahrungen solche Abtheilungen dem ganzen Leibe nur
das Blut entziehen." Mit um so frischerer Kraft wurde nun
in dieser zweiten Gesellschaftsperiode die Armenfrage, als eine
Lebensfrage des Landes, behandelt. Es führte zu weit, hier
alle Gänge und Entwickelungen derselben zu verfolgen; nur
das Wichtigste sei erwähnt. Schon in den Zwanziger Jahren
war für Pflege von armen Kranken in einzelnen Dörfern durch
Anstellung eigens dafür zu Königsfelden gebildeter Diaconissin=
nen gesorgt worden. Da diesfällige Versuche nicht nach Wunsch
geriethen, suchte man nun doch wenigstens durch Bereithaltung
von Lebensmitteln, Reis und dergl. den Aerzten beizustehen.
Die so dringend nothwendige Umgestaltung des kantonalen
Irrenhauses wurde vielfach angeregt, doch auch sie blieb bisher
noch frommer Wunsch; desgleichen die so viel besprochene Grün=
dung einer Zwangsarbeitsanstalt. Desto besser gelang die Er=
richtung einer Sparcasse im Jahre 1852, sowie 1854 eine
Sparsuppenanstalt für Hunderte von Dürftigen. Gleichzeitig
wurden Saatkartoffeln unter den besten Vorsichtsmaßregeln auf
dem Lande ausgetheilt und ein Verzeichniß aller Bettler im
Bezirke angelegt. Die Collecten für Unterstützung betrugen
Fr. 896. Das gab den Impuls zu einer Reihe neuer Ideen,
die sich mehr und mehr klärten. Mit 1856 trat, von der Ge=
sellschaft hervorgerufen, der Almosenverein der Stadt Brugg
in Thätigkeit, der sich zur Aufgabe setzte, durch freiwillige
Liebessteuern, die regelmäßig gesammelt wurden, den noth=
leidenden Gemeinden der Umgegend Hülfe zu schaffen. Daraus
entwickelte sich wieder ein Jahr später die freiwillige Bezirks=
armenpflege. Sie sollte durch persönlichen Einfluß in jeder
Weise auf Verminderung der Armennoth hinarbeiten, eine wohl=

thätige Vereinswirksamkeit in den Gemeinden fördern und jähr=
lich eine Versammlung von Armenfreunden aus dem Bezirke
leiten. Hier trat der Gedanke an Vereinigung von gesetzlicher
und freiwilliger Armenpflege zum ersten Male im Kanton aus
der Theorie in lebendigste Praxis. Dabei blieb es aber auch
nicht stehen. Die Gesellschaft hatte unter den bisherigen Be=
strebungen dem Uebel bereits auf den Grund geschaut und er=
kannte als einziges [radikales Heilmittel: Rettung der armen
Kinder durch Versorgung in christliche Familien! Fortan hieß
die Loosung auch hier: Nicht mehr langes Gerede, sondern nun
einmal Thaten! Und wie Brugg dieses Vorhaben in heil=
bringendster Weise ausführte, haben wir bereits oben gesehen.

In Kulm erstand zuerst eine sich die „gemeinnützige"
nennende Gesellschaft, welche nach mehrjährigem Wirken im
Herbst 1840 wieder gänzlich zur Fahne der Culturgesellschaft
überging. Ihr Arbeitsfeld ist groß, da die Erwerbszweige, in
den verschiedenen Gegenden des Bezirks verschieden sich gestal=
tend, nicht überall im richtigen Maße zur Uebervölkerung stehen.
Während in den Gemeinden Reinach und Menziken, sowie zu
Beinwyl und Birrwyl am Hallwylersee, auch in Schöftland
Industrie und Fabrikation in Blüthe stehen, baut im Rueder=
thal und anderwärts der arme Tauner ein verschuldetes Aecker=
lein oder sitzt kümmerlich genährt hinter dem Webstuhl. Daher
kam es, daß hier manchen Orts in den Jahren der Kartoffel=
krankheit die Armenfrage eine wahrhaft „brennende" Frage wurde,
denn sie brannte bis auf's Mark des Volkes ein. Das Elend
stieg durch Mangel an Verdienst, bei Vielen auch durch schlaffe
Unthätigkeit, in einzelnen Dörfern sehr hoch. Geldstage häuften
sich in erschreckendem Grade, so daß selbst Haushaltungen, die
sich sonst durch Anstrengung lange aufrecht erhielten, nun bis
zum Bettlerlende sanken. Die Culturgesellschaft zeigte sich in
solchen jammervollen Zeiten sehr rührig und wandte alle Mittel
zur Rettung an: Sparsuppenanstalten, Bildung freiwilliger
Armenpflegen, Versuche zur Einführung neuer Industriezweige
und Anderes mehr. Wiederholt erließ sie ihren Hülferuf an

die oberſten Landesbehörden — allein die beſte Hülfe kam doch
erſt wieder aus Gottes Hand bei der Rückkehr fruchtbarerer
Jahre! — Da der Bezirk durch Bergzüge in ganz verſchiedene
Thäler getheilt wird, erſchien auch eine Theilung der Geſell=
ſchaftsarbeit förderlicher zu werden. Daher löste ſich im Jahre
1852 die Geſellſchaft in zwei Hälften von einander, in einen
Verein des Wynenthales und einen des Suhrenthales.
Jeder ging nun ſeine eigenen Bahnen, doch übereinſtimmend in
Allem, was zur Hebung der Volkswohlfahrt Noth that, Beide
fortwährend mit gleicher Theilnahme an den Beſtrebungen der
Geſammtgeſellſchaft. Belebung von Induſtrie und Landwirth=
ſchaft ſind die Haupthebel, die ſie in Bewegung ſetzen; auch
für Volksbildung ward durch Gründung von Dorfbibliotheken,
von Sonntagsſchulen u. ſ. w. hie und da Verdienſtliches ge=
leiſtet. Im Bezirke beſtehen mehrere Erſparnißcaſſen; die von
Birrwyl, die älteſte, ſchon 1838 durch Actionäre gegründet,
verzeigt im Jahre 1860 ein Soll von Fr. 50,691, die ſich in
Einlagen von 7 bis 700 Fr. auf 409 Einleger vertheilen, und
ein Haben von Fr. 53,796 in etwa 140 größern und kleinern
Kapitalien; Reſervefond Fr. 3105; eine zweite in Kulm, und
eine dritte für das obere Wynenthal, im Jahre 1852 ge=
gründet, gegenwärtig mit einem Guthaben der Einleger von
Fr. 94,050, und einem Sicherheitsfond von Fr. 4431.
Die Geſellſchaft von Laufenburg, obwohl nicht immer in
voller Thätigkeit, aus ſchon früher erwähnten Gründen, kann
doch auch auf Zeiten hinweiſen, wo ſie rüſtig Hand an den
Pflug der Cultur legte. Sie ward von Bezirksamtmann En=
gelberger im October 1842 wieder aus ihrem Schlummer
geweckt und zeigte unter dieſem, ihrem vieljährigen Vorſtande,
reiche Lebenskraft. Dann, nachdem ſie ſich wieder eine Zeit lang
aufgelöst hatte, gab ihr im Jahre 1858 Bezirksamtmann
Dúclour neuen Aufſchwung. Als bedeutendſte Errungenſchaft
ſteht auch hier die 1842 zuerſt angeregte und 1843 vollzogene
Gründung einer Bezirkserſparnißcaſſe im Vordergrunde, deren
Einlagen nach Ausweis des Caſſiers am Ende des Jahres 1859

Fr. 168,098. 88 betrugen. Neben sie stellt sich die einer Bezirksschule, welche, lange erfolglos angestrebt, im Jahre 1846
glücklich zu Stande kam. Ueberdieß wurde eine große Zahl
landwirthschaftlicher Verbesserungen besprochen und versucht;
wenn auch nicht Alles davon zur Reife gedieh, so ist doch das
schon Gewinn, die Volksbedürfnisse klar erkannt und das Gute
ernstlich gewollt zu haben.

Lenzburg machte nach den politischen Winterstürmen
bald wieder seinem Namen Ehre, als eine Burg des Lenzes,
wo neue Keime und Blüthen des Gemeinnützlichen in Fülle
aufgingen. Es ist wohlthuend, dieses fröhliche Treiben anzu-
schauen. Vor Allem rief auch hier die Armennoth zur Erfüllung heiliger Liebespflicht auf. Im Frühling 1847 wurden in
10 Gemeinden Sparsuppen-Küchen erstellt, um die Hungrigen
zu speisen. Die wöchentlichen Beiträge in der Stadt zur Anschaffung von Mehl und Mais beliefen sich damals auf je Fr. 311,
wozu die Gesellschaft Fr. 60 legte. Im November 1853 ward
wieder eine Summe von Fr. 1144, wovon in der Stadt allein
Fr. 1096 fielen, zur Steuer an die Nothleidenden im Bezirke
gesammelt. Aus solchen einzelnen, schnell sich folgenden Wohl-
thätigkeitsspenden und dem troß Allem maßlos fortdauernden
Bettel ergab sich die Nothwendigkeit einer bestimmtern Organisation der Armenhülfe. Das bloße Almosengeben ohne Kenntniß der wirklich Bedürftigen und ohne Ueberzeugung von der
zweckmäßigen Verwendung der Gaben ist unsicher und oft mehr
verderblich, als in der That wohlthätig. So bildete sich ähnlich
wie in Brugg und Zofingen ein Almosenverein. Etwa 100
Bewohner der Stadt verpflichteten sich durch Namensunterschrift
zu regelmäßigen wöchentlichen Liebesgaben, welche an die Pfarr-
ämter der dürftigsten Landgemeinden zur Vertheilung an die
Aermsten abgegeben wurden, wogegen der Hausbettel gänzlich
unterlassen werden mußte. Dieser Verein besteht fortwährend
und hat schon unendlich viel Gutes gestiftet. An ihn knüpfte
sich seit letztem Herbste das Entstehen einer Kinderversorgung,
wie Zofingen und Brugg sie früher schon besaßen.

Eine Sonntagsschule ward im Herbst 1850 neu eröffnet und hat ebenfalls bis jetzt erfreulichen Fortgang. Im Sommer werden 2, im Winter 3 Stunden Unterricht ertheilt im Lesen, Schreiben, Rechnen und Zeichnen. Die Lehrerbesoldung wird aus der Gesellschaftscasse bestritten.

Da in Lenzburg seit Langem viel musikalisches Leben klingt, ist sich nicht zu wundern, daß vom Verein aus manche Anregung zur Veredlung des Volksgesanges geschah.

Derselbe stiftete ferner im Jahre 1840 eine Actiengesellschaft zur Anpflanzung von Maulbeerbäumen, wobei er sich mit 20 Aktien zu Fr. 5 betheiligte, während von einzelnen Mitgliedern 108 Actien gezeichnet wurden. Dies Unternehmen ging nach zehnjähriger Pflege an die landwirthschaftliche Gesellschaft des Kantons über.

Wir entheben dem reichhaltigen Berichte des Vereins hier nur noch folgende Leistungen: Anschaffung einer Säemaschine im Jahre 1831, womit vergleichende Beobachtungen über Maschinensaat und Handsaat angestellt wurden; mannigfache Versuche zur Veredlung der Viehzucht; Untersuchung eines Steinkohlenlagers in Maiengrün bei Hägglingen und Gründung einer Actiengesellschaft, um es auszubeuten (bis 1837); Förderung von Sparcassen für ärmere Leute, namentlich Fabrikarbeiter; Errichtung eines öffentlichen Eiskellers im Jahre 1837, wie eines Badehauses für das weibliche Geschlecht im Aabache im Jahre 1841; Anlegung von Volksbibliotheken, deren Anzahl im Bezirke bis auf 17 stieg, wovon jedoch Einzelne wieder eingingen (Näheres darüber findet sich in der von Lehrer Fritz Döbeli im Jahre 1859 verfaßten Statistik über die Bildungsmittel des Bezirks Lenzburg); Aufstellung eines Denksteins für den sel. Christian Lippe, gewesenen Erziehers auf dem Schlosse Lenzburg; Steuern an Brandbeschädigte in Staufen im Jahre 1848 und in Boniswyl im Jahre 1851, sowie für die schweizerischen Rettungsanstalten in Bächteln und Sonnenberg, und so noch manches andere Werk des Erbarmens, worüber der

Himmelsrichter einst aussprechen wird: „Was ihr der Gering=
sten Einem gethan habt, das habt ihr mir gethan!"

Rheinfelden hatte früher nur während der Kriegs= und
Mißjahre der Restaurationszeit einige Lebenszeichen gegeben,
obwohl der Verein unter seinen Mitgliedern hellsinnige und
unternehmende Männer, wie Oberamtmann Fischinger, Chor=
herr und Schulinspector Pur und Pfarrer Wohnlich zählte.
Dann löste er sich für zwanzig Jahre gänzlich auf und sam=
melte sich erst im Jahre 1841 wieder, aber nun zu einem freu=
digern Leben als je. Davon gibt namentlich eine seiner ersten
Gründungen, die Ersparnißcasse, Zeugniß, welche seitdem unter
seiner sorgfältigen Leitung so glücklich gedieh, daß sie nun einen
Vermögensstand von anderthalb Millionen besitzt. Da der Be=
zirk Rheinfelden ausschließlich nur ein ackerbautreibender ist,
so stand Landwirthschaft stets auf der Tagesordnung der Ge=
sellschaft oben an. Durch Verabfolgung edler Rebsorten hob
sich vielfach der Weinbau, durch mündliche Räthe und Druck=
schriften der Wiesenbau. Industrielle Unternehmungen wollten
dagegen bei der Bevölkerung, welche mit solcher Vorliebe an
der Bearbeitung des Bodens hängt, und in einem Ländchen,
das der Zollgrenze so nahe liegt, bisher nie recht Wurzel fassen.
So hatte die Anfangs mit scheinbarem Erfolge vom Verein
betriebene Dorfkäserei in Magden keinen dauernden Erfolg und
noch weniger die versuchte Einführung des Strohflechtens. Doch
gewann in neuester Zeit die Seidenbandweberei in einzelnen
Dorfgemeinden lebhafte Verbreitung. — Noch sei hier die Ver=
wendung der Gesellschaft beim Großen Rathe um Verminde=
rung der allzu zahlreichen und dem Landbau darum keineswegs
förderlichen kirchlichen Festtage angeführt. Mehrere derselben
wurden in Folge davon auf Sonntage verlegt.

Da von Muri und Zurzach keine Berichterstattungen ein=
gegangen sind, so bleibt uns noch als einziges Wanderziel
Zofingen, dessen Gesellschaft wohl hier dem Alphabete nach
die letztgenannte, aber keineswegs die geringste im Lande ist.

Ihre herrlichen Stiftungen, die Taubstummen- und die Kinder-versorgungs-Anstalten haben bereits schon in diesen Blättern verdiente Ehrenmeldung gefunden; wir reihen derselben folgende Mittheilungen an.

Die Bildung der Taubstummen sollte nach dem Wunsche der Gesellschaft noch weitere Ausdehnung gewinnen, da noch gar viele solcher gehörlosen Kinder im Kantone sich vorfinden, welche dieser Wohlthat entbehren. Sie brachte daher diese An-gelegenheit vor die Generalversammlung von 1857, in der Meinung, es dürften die drei bestehenden Anstalten, wenn sie bedeutend erweitert würden, immerhin genügen. Wir hoffen, die Zeit werde nicht allzufern sein, wo dieser Wunsch in Er-füllung geht.

Daran schlossen sich Versuche, überhaupt schwachsinnige Kinder, welche dem Unterrichte in den öffentlichen Schulen nicht folgen können, in Privatinstituten zu bilden. Solche Anstalten wurden im Jahre 1844 in den größern Gemeinden des Be-zirks, zu Aarburg, Brittnau, Reerau und Niederwyl eingeführt. Einige davon dauerten mehrere Jahre mit theilweise erfreulichem Erfolge fort, und gingen nur deshalb wieder ein, weil die dafür gebrachten Opfer für die Kräfte des Vereins zu groß wurden.

Ein Almosenverein zur Verhinderung des Bettels, nach den gleichen Grundsätzen wie in Lenzburg, hat sich auch in Zofingen durch mehrjährige Erfahrungen ebenso wirksam als wohlthätig erprobt.

Für Schutzaufsicht über entlassene Sträflinge geschah ein thatsächlicher Anfang mit Unterstützung Einzelner.

Von 1842 bis 1847 fand auch hier die Seidencultur Ein-gang. Ein mit dem Bürger Hunziker von Uerkheim abge-schlossener Vertrag, wonach demselben ein Beitrag von Fr. 225 zugesichert wurde, damit er seine schon früher angelegte Maul-beerpflanzung erweitern und durch vermehrte Zucht von Wür-mern jährlich wenigstens einen Centner Seide produciren könne, mit der Verpflichtung seiner Seits, an andere Einwohner des Bezirks Pflänzlinge und Raupeneier unentgeltlich abzugeben, führte schließlich zur Einsicht, daß dieser Erwerbszweig für hiesige Gegend nicht lohnend genug sei.

Die in Zofingen, Brittnau, Reerau, Köllikon, Safenwyl und Oftringen bestehenden Sparcassen förderte die Gesellschaft nach Kräften und verbreitete, um die Theilnahme daran noch mehr zu beleben, die von der Zürcherischen Seiden-Industrie-Gesellschaft herausgegebene Preisschrift: „Bete und arbeite!" in 300 Exemplaren unter das Volk.

Die in regem Aufschwunge begriffene Industrie im Bezirke, namentlich die größern Etablissemente für Fabrikation von Baumwollen- und Wollentüchern, sowie von Seidenbändern in Zofingen und Köllikon, beschäftigte öfter lebhaft das Interesse der Gesellschaft. Sie ermunterte im Jahre 1854 auch die Einführung der Uhrenmacherei in Köllikon.

An allen übrigen allgemeinen Fragen und Hülfeleistungen nahm Zofingen stets bereiten Antheil. Die Mitgliederzahl dieser Bezirksgesellschaft beträgt 230, die beträchtlichste im ganzen Kanton.

Damit sei diese kurze Uebersicht von den Bestrebungen und Leistungen der Aargauischen Culturgesellschaft geschlossen. Bei aller ihrer Mangelhaftigkeit liefert sie doch den Beweis, wie viel entschlossener Wille vereinter Volksmänner in einer Republik vermag. Was war der Kanton Aargau vor einem halben Jahrhundert, und was ist er heute? Damals ein durch Machtwort eines Gewaltigen auf Erden lose an einander geküttetes Conglomerat von verschiedenartigen Gebieten, heute ein innigschön, ein brüderlich verschmolzenes Ganzes; damals ein neu emporgekommener Kanton, auf den die Welt mit spottendem Zweifel an seinem Fortbestande herabblickte, heute ein Staat, der Achtung gebietend und glorreich im Kranze des eidgenössischen Bundes steht; damals mit einer zum großen Theil sclavisch niedergedrückten, verkommenen, bildungslosen Bevölkerung, heute blühend durch Gewerbe, Handel und Schulen, wie nicht bald ein anderer Gau im helvetischen Hochlande. Und wenn auch das Verdienst einer so großartigen Umwandlung nicht allein der Culturgesellschaft zufällt, wenn sie bescheiden anerkennt, daß die Weisheit der Regierung und das eigene Aufstreben im Volke selbst das Meiste errang, so trägt sie doch in ihrer Brust das frohe Bewußtsein, am Werke des Heils redlich mitgeholfen zu haben!

Noch darf sie aber nicht Feierabend halten. Wir leben in Tagen, wo jede Stunde den Ernst der Ewigkeit auf ihren Flügeln trägt. Ringsum gährt es noch immer, als ob ein Weltuntergang oder ein frisches Weltgebären auf der göttlichen Tagesordnung stände. Neue Ideen durchzucken den Welttheil wie Blitze und, von ihrem Donner erschüttert, frägt Einer den Andern, wie am Pfingstfeste: „Was will das werden?“ Wir können, obwohl bisher lange ein glückliches Friedenseiland mitten im Brausen der Sturmfluthen, davon nicht unberührt bleiben. Die Zeit selbst treibt gebieterisch nach Vorwärts. Gab uns die Bundesverfassung von 1848 nach blutiger Zerrissenheit den langersehnten Zusammenhalt im Innern wieder, so sind damit kaum erst die Außenwerke erstellt, kaum erst die Säulen zu der Halle des großen Tempels aufgerichtet. Der Tempeldienst selbst erfordert noch unendliche Opfer hingebender Bürgertugend. Erst dann ist Schweizerfreiheit die gebenedeite Himmelstochter, wenn sie in's Leben herniedersteigt und hier ganz Fleisch und Blut annimmt, um unter uns zu wandeln; erst dann, wenn sie nach allen Richtungen hin volksbildend, volkshelfend, volksrettend zu den höchsten Zielen der Christusreligion hinanführt. Es gibt noch so viele Thränen in den Hütten der Armuth zu trocknen; der furchtbare Krebsschaden des Pauperismus ist noch lange nicht geheilt; es gibt noch so viel Licht besserer Erkenntniß, das bisher vom Scheffel verdeckt war, auf den Leuchter zu stellen; es ist noch so manches Distelfeld zu ackern, dem Handwerke so vielfach noch der güldene Boden zu legen, damit es gedeihe, und der Industrie noch so mancher Webestuhl mit frischem Zettel zu bespannen. Die Culturgesellschaft darf am wenigsten in einer Zeit säumig sein, wo sich die Anforderungen an unser Land und Volk vertausendfachen, damit es in allen kommenden Geschicken die Erprobung muthig bestehe.

Darum vorwärts, nur immer vorwärts für Gott und Vaterland!

Anhang.

Es wäre unbillig, drei Töchter der Culturgesellschaft, welche sie in ihrer Jugend mehrere Jahrzehnte lang mütterlich nährte und pflegte, und die noch immer zur Familie zählen, mit Stillschweigen zu übergehen. Allein da dieselben nun, ihr entwachsen, ebenso viele Jahrzehnte schon eine unabhängige Stellung einnehmen, gebührt ihnen mehr nur ein Plätzchen im Anhange zu unserer Festschrift.

I.

Die Hülfsgesellschaft von Aarau, die alleralteste Stiftung des Culturvereins, denn sie datirt schon vom 1. October 1811, nahm sich die unter Johann Caspar Hirzel in Zürich blühende Hülfsgesellschaft zum Vorbilde. Ihr Zweck war von Anfang an, verschämten Hausarmen des Stadtbezirks durch Spenden an Geld, Kleidern und Lebensmitteln, armen Kranken durch Verabreichung von Arzneimitteln, Waisenkindern durch Anschaffung von Schulbüchern oder Unterstützung zur Erlernung von Handwerken u. s. w. beizustehen. Vom Jahre 1812 wurde auch eine Arbeitsschule für arme Einsaßenmädchen, etwas später eine Zeichnungsschule für angehende junge Handwerker unterhalten. Als Grundsatz blieb festgestellt, bei Unterstützungen, außer arme Bürger, nur solche Einsaßen zu berücksichtigen, die schon 5 Jahre lang (später wurden 3 Jahre bestimmt) in Aarau wohnhaft niedergelassen waren, um nicht durch den Ruf der hier geübten Wohlthätigkeit ein Uebermaß von Dürftigen in die Stadt zu locken. Die Mittel zur Bestreitung der Auslagen wurden, nachdem die Culturgesellschaft zum ersten Anfang eine Aussteuer von Fr. 450 geschenkt hatte, späterhin von Zeit zu

Zeit durch Subscriptionen bei wohlhabenden Einwohnern gesammelt. Auch außerdem fielen öfter, besonders in den letzten Decennien, nicht unbedeutende Legate und Geschenke. — Am deutlichsten ergibt sich der Umfang der gesellschaftlichen Wirksamkeit aus nachstehender tabellarischen Uebersicht, welche den gedruckten Jahresberichten (bis jetzt erschien der 22ste) entnommen ist, wobei wir nur bedauern, daß wir den vierten und fünften Bericht, für die Jahre 1818 bis 1820, und den neunten, für 1825 bis 1826, nirgends mehr aufzutreiben im Stande waren. Unter den Einnahmen sind außer den Subscriptionen und Legaten auch die Zinse von gemachten Ersparnissen, und unter der Ausgabenrubrik außer den oben erwähnten Unterstützungen auch die, jedoch nur sehr geringfügigen, Verwaltungskosten mit inbegriffen.

| Jahresbericht. | Einnahmen. | | Ausgaben. | Präsidenten der Gesellschaft. |
	Subscriptionen.	Legate u. Geschenke.		
	Fr.	Fr.	Fr.	
I. 1811—13	1252	7	1086	Appellatrth. David Frey.
II. 1813—15	1104	—	1443	
III. 1815—17	1461	—	1321	
IV. u. V. . .	. . . .	. . . .	. . . .	
VI. 1819—21	1089	50	1000	
VII. 1821—23	1015	—	966	
VIII. 1823—24	1188	—	1182	
IX.	. . . .	. . . .	. . . .	J. Herosee, Fabrikant.
X. 1825—27	1368	—	1340	
XI. 1827—29	1338	50	1400	
XII. 1829—30	1229	—	1254	
XIII. 1830—32	1123	—	1144	
XIV. 1832—33	1270	300	1633	
XV. 1833—36	1238	—	1184	Frz. Ludw. Hürner, Reg.-Rath.
XVI. 1836—38	1210	—	1204	
XVII. 1838—41	1078	350	1382	
XVIII. 1841—44	1283	1290	2349	
XIX. 1844—46	1280	50	1060	
XX. 1846—48	1308	906	2036	
XXI. 1848—51	1294	845	2040	Dr. Carl Geer.
XXII. 1852—55	1932	690	2493	
— 1855—60	1049	985	1603	

Ueber eine sogenannte Separatcasse, in welche die Mitglieder bei den jedesmaligen Sitzungen ihre Schärflein einlegen, und woraus für außerordentliche, in den Statuten nicht vorgeschriebene Fälle Ausgaben bestritten werden, ist nie Rechnung geführt worden.

Aus obiger Darstellung ergibt sich, daß die Hülfsgesellschaft gemäß ihrem Wahlspruche: „Wohlzuthun und mitzutheilen vergesset nicht, denn solche Opfer gefallen Gott wohl!" ohne dabei viel Aufhebens zu machen, seit 50 Jahren das Ihre wohl ausgerichtet hat. Hungrige wurden von ihr gespeist, Nackte bekleidet, Kranken Linderung, Greisen Erquickung und zahllosen Unglücklichen Trost im Elende geboten. Möge Gott ihr stilles Fortwirken auch ferner mit seinem Segen begleiten!

II.

Die naturforschende Klasse, später, nachdem sie sich 1839 selbstständig constituirt hatte, „naturforschende Gesellschaft des Kantons Aargau" geheißen, begann ihren Lebenslauf im Jahre 1812 unter dem Präsidium von Vater Rudolf Meyer. Selbstverständlich bestand sie meist nur aus einem kleinen Kreise von Fachmännern — doch stieg ihre Mitgliederzahl im Kanton von 1827—28 auf 30, von 1834—38 sogar auf 70. Um so eifriger arbeiteten aber die Wenigen, ihrer Aufgabe mit voller Seele zugethan, an der Lösung der wissenschaftlichen Probleme, welche in den Bereich ihrer Thätigkeit gezogen wurden. Ihre Sitzungen waren zahlreich und vielbesucht und die große Menge von schriftlichen Abhandlungen und Vorträgen, wie von Versuchen, die angestellt wurden, könnte hier schon des Raumes wegen nicht vollständig aufgeführt werden. Es genüge eine kurze Uebersicht des Hauptsächlichsten:

1812 u. 1813. Analyse der Heilquellen in Baden durch Dr. Schmuziger. — Die Schlangenarten im Kantone von Helfer Wanger. — Vielerlei Versuche über Electricität und Galvanismus. — Meteorologische Beobachtungen, in großartigem Maßstabe unternommen und eine Reihe von Jahren mit sorgfältig verglichenen, von der Gesellschaft versendeten Instrumenten durchgeführt. Eine Beobachtungslinie zog sich im Querdurchschnitte Europa's vom baltischen Meere bis Neapel auf den Sternwarten zu Neapel, Pisa, Turin, auf dem St. Bernhardsberge und auf den Sternwarten zu Kiel und Christiania; eine zweite von London über Frankfurt, Prag, Lemberg in Galizien zur asiatischen Grenze. „Viel Kosten ohne wesentlichen Erfolg," sagt unser Berichterstatter. — Goldwäscherei in dem Sande der Aare mit der Ausbeute von circa 11 Batzen Taglohn für einen Arbeiter. — Anlegung einer mineralogischen Sammlung. Kanonikus Will in Rheinfelden schenkte dazu für Anschaffung von Schränken zwei Souverain d'or. — Versuche mit dem Hygrometer. Ueber thierischen Magnetismus und Ursachen des Kretinismus in der Schweiz.

1814. Oeffentliche Sitzungen mit Vorlesungen.

1816 u. 1817. Rhumford'sche Suppenanstalten. — Versuche, wildwachsende Pflanzen zur Nahrung zu verwenden. — Beobachtungen über die abweichende Lufttemperatur an beiden Aarufern. — Vorarbeiten zur genauen Vermessung des Kantons. — Der Verein tritt der Schweizerischen naturforschenden Gesellschaft bei.

1818. Oeffnung und Benutzung eines Alabastersteinbruchs auf der Staffelegg.

1819. Herausgabe eines Neujahrsblattes: „Kurze Uebersicht der einfachen Mineralien des Kantons Aargau."

1820 bis 1823. Dr. Albrecht Rengger: Untersuchungen über den Aargauischen Jura. Apotheker Dressel über das orientalische Opium. Heinrich Zschokke über Steinkohlenlager im Jura. Dr. Rudolf Meyer über das Streichen der Gypslager im Jura. Apotheker Wydler über Ernährung und Wachsthum der Pflanzen und über Gentianin. Prof. Bronner über die Schneelinie u. s. w. — Den 21., 22. u. 23. Juli 1823 fand die Versammlung der Schweizerischen naturforschenden Gesellschaft in Aarau statt unter dem Präsidium von Prof. Bronner.

70 Mitglieder aus 10 Kantonen nebst einigen auswärtigen Gelehrten anwesend.

1824 bis 1829. Fleißig ausgearbeitete Vorträge über neuere Entdeckungen in Zoologie, Mineralogie, Physik und Chemie. Heinrich Zschokke über „die farbigen Schatten". — Ueber die Wanderratte, in Aarau wahrscheinlich schon seit 1815 eingenistet. Bronner über atmosphärische Electricität. Dr. Joh. Rud. Rengger über seine während der Gefangenschaft unter Dr. Francia in Paraguay gesammelten, naturgeschichtlichen Erfahrungen in zahlreichen Vorträgen.

1830 bis 1835. Einrichtung eines naturhistorischen Museums im Gewerbschulgebäude. — Dr. Theodor Zschokke über Ditmarschen. — Aus dem Nachlasse des im Jahre 1832 verstorbenen Dr. Rud. Rengger viele Vorträge durch Apotheker Wydler. — Helfer Wanger über die alpinen Findlinge auf dem Aargauischen Jura. — Dr. Prof. Fleischer über eine seltene, bei Aarau vorkommende Süßwasser-Alge und einen im Steinbruche daselbst gefundenen fossilen Stoßzahn. — Helfer Wanger über den in unsern Gegenden im Jahre 1835 (später wieder 1849) vorgekommenen Oleanderschwärmer. — Zweite Versammlung der Schweizerischen naturforschenden Gesellschaft in Aarau unter Vorsitz von Friedr. Frey-Herosee, den 27., 28. und 29. Juli 1835. Anwesend 70 Mitglieder aus 12 Kantonen.

1836 bis 1839. Dr. Fleischer's zoologische Beobachtungen in der Gegend von Aarau. Derselbe über Knochen und Scherben im Tuff zu Biberstein und Wöschnau. Prof. Dr. Bolley über Hupererde. Dr. Zschokke über Kretinismus im Aargau und die meteorologischen Verhältnisse von Aarau.

1840 bis 1844. Berichte von Dr. Bolley und Dr. Zschokke über die Bitterwasser von Birmenstorf und Müllingen. Letzterer über die Endmoräne des Reußgletschers im Aargau. Eine Menge zoologischer Notizen. Chemisches von Dr. Bolley; Botanisches von Handelsgärtner Zimmermann. Oberstlieut. Joh. Herzog über Schießpulver und Kanonenmetall. — Die Sammlungen des Museums, in's Kantonsschulgebäude verlegt, werden dem Publikum zugänglich gemacht und beim Unterricht benutzt.

1845 bis 1850. Die Circulation von naturhistorischen Zeitschriften wird eingeführt. — Untersuchungen und Verhandlungen über die Kartoffelkrankheit. Joh. Herzog über Militärchemie und über Pferdezucht. Technologisches von Kern. — Vom 5. bis 7. August 1850 die dritte Versammlung der Schweizerischen naturforschenden Gesellschaft in Aarau unter dem Präsidium von Frey-Herosee.

1851 — 55. Oeffentliche Vorträge der Mitglieder während des Winters vor einem gemischten Publikum im Casinosaale beginnen. Dr. Zschokke über die großen Ueberschwemmungen im September 1852 und über Versteinerungen der Kohlenformation; geologische Karte der Umgegend von Aarau; Grundeisbildung. Frey-Geßner über Käfer und ihre Larven. Professor Bolley über Zink-Aluminium; Topinambur-Wurzeln; Analyse des Schwarzenberger Wassers in Gontenschwyl. Prof. Schinz über das Sehen, das Zodiacallicht, Barometer, Astronomie, Blitzröhren.

1855 — 60. Die öffentlichen Vorträge während des Winters werden fortgesetzt. Prof. Schibler über den Kreislauf des Kohlenstoffes in der organischen Natur und über den menschlichen Geist. Bolley über Gewinnung und Anwendung der Metalle. Schinz über das Gold. Dr. Zschokke über Bau und Verrichtungen des menschlichen Körpers; über den Aarauer Eisenbahn-Tunnel. Prof. Schibler über die Katastrophe im Hauenstein-Tunnel. Seit 1857 wurden an 20 Stationen im Kantone metereologische Beobachtungen veranstaltet, um die climatischen Verhältnisse festzustellen.

Also auch hier ward ein edles Stück Arbeit gethan und noch unendlich mehr bleibt übrig. Die Mutter Natur ist eine reiche Königin; ihre Schatzkammern sind unerschöpflich und wunderbar; mit unwiderstehlicher Gewalt zieht es den Menschengeist zu den Geheimnissen des ewigen Waltens!

III.

Die landwirthschaftliche Klasse, anfänglich auch „öconomische" Klasse genannt, im Herbst 1811 gegründet, eröffnete ihre Thätigkeit unter dem Präsidium des Oberstlieutenant von Hallwyl mit dem Jahresanfang 1812. Als ihren Zweck bestimmten die Statuten: Verbesserung der Landwirthschaft im Kanton in allen ihren Zweigen (Acker-, Reb-, Wiesen-, Obstbau, Viehzucht, Bienenzucht, Waldwirthschaft und Hauswirthschaft). Dieß Ziel zu erreichen, tauschten die Mitglieder ihre eigenen Erfahrungen aus und stellten kleine Versuche über Einführung nützlicher Pflanzungen, wie Hopfen und Tabak, an; fachwissenschaftliche Bücher und Zeitschriften machten die Runde bei ihnen; probat erfundene Mittel gegen den Brand im Getreide u. s. w. wurden in den „Verhandlungsblättern" der Culturgesellschaft empfohlen. Man suchte für solcherlei Interessen auch Landwirthe außer Aarau zu gewinnen; allein es kostete große Mühe, den alt herkömmlichen Schlendrian zu durchbrechen. Die Mitgliederzahl stieg damals nie höher als auf 30 bis 40 und in den Kriegsjahren 1814 und 1815 hörte die Thätigkeit der Klasse geraume Zeit ganz auf. Als sodann 1817 eine neue Belebung versucht wurde, stellte sich bald wieder der alte Uebelstand heraus: die Theilnahmlosigkeit eigentlicher Landwirthe von Beruf, die Klippe, woran der noch so große Feuereifer jener mehr sich in schönen Theorien ergehenden Männer immer wieder scheiterte.

Von 1821 — 38 verzeichnen die Protokolle keine Sitzungen der Klasse mehr; die bisherigen Arbeiten schienen verloren zu sein. Und doch waren sie es nicht; es hatte sich durch sie wenigstens die Erkenntniß Bahn gebrochen, daß in unserem von der Natur so reich gesegneten Gau noch weit mehr für die Bewirthschaftung des Landes geschehen könnte, als seit der Väter Zeit bis jetzt geschehen war. Diese Erkenntniß regte allmälig einen neuen Aufschwung an, der bald an Größe und Ausdehnung Alles, was im Kantone, ja vielleicht in der Schweiz in dieser Beziehung geschehen war, weit überflügelte. Im Herbste 1838 trat auf der Grundlage der früheren Klasse die land= wirthschaftliche Gesellschaft des Kantons Aargau in's Leben, welche zwar durchaus unabhängig blieb, aber als Tochter der Culturgesellschaft fortwährend mit derselben in freundlichem Verhältnisse verkehrte und sie auch für den Fall ihrer derein= stigen Auflösung zur Erbin einsetzte. Ihre Geschichte verdiente in einer besondern und umfassendern Darstellung gewürdigt zu werden; hier sei nur in wenigen Zügen das Bild ihrer nun 22 Jahre dauernden Segenswirksamkeit gezeichnet.

Ihre erste Sitzung datirt vom 22. September 1838; die Mitgliederzahl bestand anfänglich wieder nur aus 20 Mitglie= dern, meist von Aarau und der Umgebung; das Präsidium übernahm das Standeshaupt, Bürgermeister Herzog von Effingen. Auch jetzt noch waren die ersten Jahre mehr nur vorbereitend für die Ausführung größerer Plane. Erst von 1841 an, als sachkundige und thatkräftige Männer, Regierungs= rath Lindemann, Forstrath Gehret, Amtstatthalter Schmid= lin, denen sich etwas später noch der Handelsgärtner Abraham Zimmermann anschloß, an die Spitze traten, hob sich der Verein zu seiner außerordentlichen Blüthe.

. Vor Allem war man nun darauf bedacht, in allen Gegen= den des Kantons erfahrene Landwirthe für die Gesellschaft zu gewinnen. In jenen Tagen politischer Zerrissenheit sollte die Gesellschaft die Bekenner der verschiedensten Ansichten freundlich im Dienste landwirthschaftlicher Interessen vereinen. Es gelang über alles Erwarten. Schon im Jahre 1844 stieg die Mitglieder= zahl auf beinahe 900, später bis auf 12 und 1300; sie nahm im Verlaufe der Jahre zu und ab; im Jahre 1860 bestand sie aus 1150. Es ergab sich dadurch bei Festsetzung eines Jahres= beitrages von Fr. 3 a. W. eine beträchtliche Einnahme, welche für Anschaffung von Sämereien, Düngsalzen, Rebenschnittlingen, Ackergeräthschaften u. s. w. verwendet werden konnte. In ein= zelnen Bezirken und Ortschaften wurden nun auch zum Vor= theile für das Ganze Zweigvereine gebildet.

Hand in Hand mit dieser Rekrutirung und sie in hohem
Grade fördernd, ging die Einrichtung, daß die Gesellschaft zu
einem Wandervereine wurde. Nicht mehr bloß in der Haupt=
stadt hielt sie ihre Zusammenkünfte, sondern abwechselnd bald
da bald dort im Lande, so daß wohl kein größerer Ort im
Kantone sein wird, wo sie nicht schon ein oder mehrere Male
getagt hat. Diese Sitzungen waren meist zahlreich besucht; für
anregende Verhandlungsprogramme sorgte der Vorstand auf's
Angelegentlichste.

Von wichtigem Einflusse war ferner die Gründung eines
eigenen Vereinsblattes, das unter dem Titel: „Mittheilungen
über Haus=, Land= und Forstwirthschaft", alle 14 Tage
einen halben Bogen stark erscheinend, von 1843 an, also nun
in bereits 17 Jahrgängen, herausgegeben wurde. Darin wur=
den Ansichten und Erfahrungen, erprobte Verbesserungsvor=
schläge in mannigfaltigster Weise niedergelegt und zugleich die
Verhandlungen in den Zusammenkünsten der Gesellschaft zur
allgemeinen Kenntniß gebracht. Alle Politik blieb gänzlich fern.
Die Redaction wurde die längste Zeit vom Comite unentgeldlich
besorgt. Die Mitglieder erhielten dieses Blatt kostenfrei; im
Buchhandel war es für 16 Batzen a. W., später für Fr. 2. 40
n. W. erhältlich. Schon nach den ersten Jahren war es im
Kanton weit verbreitet und ging bald auch in einigen hundert
Exemplaren über dessen Grenze hinaus. Namentlich waren es
die landwirthschaftlichen Vereine von Basellandschaft und
Thurgau, sowie der schweizerische Forstverein, welche sich
lebhaft an diesem Unternehmen betheiligten und auch ihre eige=
nen Erfahrungen und Verhandlungen in dem Blatte veröffent=
lichten. Mit zahlreichen ähnlichen Gesellschaften des In= und
Auslandes trat der Verein des Aargau's ebenfalls in Wechsel=
verkehr. Für seine eigenen Mitglieder gründete er eine Vereins=
bibliothek, die sich durch Anschaffungen und Geschenke fort=
während vermehrte. Die Cataloge geben Aufschluß über ihre
Reichhaltigkeit.

Als der landwirthschaftliche Verein von Basellandschaft im

Herbst 1844 zu Liestal die erste landwirthschaftliche Ausstellung in der Schweiz veranstaltete, sandte die Aargauische Gesellschaft an dieselbe eine Abordnung hin und ordnete nach ihrem Vorbilde auf den Herbst des folgenden Jahres eine eigene große Ausstellung von Früchten, Kulturpflanzen, Ackergeräthschaften u. s. w. im Saale des Casino in Aarau an, die vom Publikum aus der Nähe und Ferne zahlreich und lernbegierig besucht wurde. Der Catalog der Ausstellung verzeigte 295 Nummern. Den Ausstellern der bedeutendsten Erzeugnisse wurden Prämien verabreicht. Im Jahre 1846 folgte eine Traubenausstellung im Bade Schinznach, und so fort fast jedes Jahr eine andere. Am bedeutendsten war die Ausstellung, welche als großartiges landwirthschaftliches Fest im September 1852 im Bade Schinznach stattfand, bei dessen Eröffnung der Präsident im Hinblicke auf den Reichthum und die Fruchtbarkeit des Landes, welche sich in den ausgestellten Produkten kund gab, die gewichtigen Worte sprach: „Zweifelt nicht daran: Californien liegt inner unsern Grenzen!" Außer Früchten, Gewächsen und Ackergeräthen waren diesmal auch Kühe, Rinder, Zuchtschweine und Ziegen ausgestellt und es wurde unter freiem Himmel beim Zudrang von Tausenden eine Viehverloosung vorgenommen. Für verkaufte Loose waren Fr. 10,315 eingegangen. Ein Preisgericht bestimmte für die verdientesten Aussteller Prämien. Auch ein Samenmarkt ward mit diesem Feste verbunden, eine Einrichtung, die schon seit 1846 eingeführt, seitdem noch immer alljährlich stattfindet. Der Zweck dabei ist, sowohl vorzügliche Getreidearten von auswärts im Lande einheimisch zu machen, als auch den der Produktion so förderlichen Samenaustausch zu vermitteln, und endlich schöne, im Kanton selbst gezogene Sorten zu prämiren. In den letzten Jahren betrugen diese Preise eine Summe von jährlich 600 Fr. — Die Seidenzucht, von der Culturgesellschaft schon früher begonnen, wurde an mehreren Orten fortgesetzt. Vielfacher Mißgriffe ungeachtet, die dabei vorkamen, gelang sie theilweise nach langen Versuchen; doch hat sie sich noch immer nicht zu der erwünschten Rentabilität aufgeschwungen. — Dorfkäsereien wurden von der Gesellschaft in mehreren Gemeinden durch Aussetzung von Aufmunterungsprämien zu Stande gebracht; ebenso hat sie zur Gründung zahlreicher Dorfbibliotheken veranlaßt. — Für den Weinbau wurde von ihr nicht Unerhebliches geleistet. — Die Herbeischaffung besserer Kartoffelsorten, namentlich der s. g. Zwiebelkartoffeln aus dem sächsischen Erzgebirge, war ihr eifriges Streben. — Zur Zeit des Ausbruchs und der jahrelangen Fortdauer der Kartoffelkrankheit machte sie sich's zur Aufgabe, der Ursache derselben nachzuforschen und nach Kräften die daraus entstandene Noth zu lindern. — Zur Verbesserung der Forstpflege führte sie die Waldfeld= und Vorwaldarbeiten ein.

Es würde hier in der That zu weit führen, alle die zahlreichen Einzelnheiten von Besprechungen und Versuchen und gelungenen Ausführungen auch nur anzudeuten, welche in dem Zeitraum von mehr denn zwei Decennien in das Bereich der gesellschaftlichen Thätigkeit fielen. Auch hier erwahrte sich die alte Erfahrung, daß das Volksgute nur langsam reift. Eins aber ist ein gewisses und erfreuliches Hauptergebniß, daß durch die Gesellschaft trotz der anfänglichen Mißachtung und selbst des Spottes, den sie erfuhr, die Ueberzeugung sich in weiten Kreisen immer mehr Bahn brach, es stehe der Kanton noch fern vom Höhepunkt landwirthschaftlicher Produktion und es sei das Gebiet zum Anbau noch unendlich groß und reich. Auch darf nicht übergangen werden, daß die Gesellschaft es war, welche den starken Anstoß dazu gab, den Lehrerstand wieder mit der Landwirthschaft zu befreunden und in das Lehrerseminarium deren Betrieb mit unter die gesetzlichen Lehr= und Lernfächer einzuführen.

Fahre die Gesellschaft zum Segen des Kantons in ihren Leistungen rüstig vorwärts. Auch hier heißt es: „Wer die Hand an den Pflug legt, der schaue nicht zurück!"

Uebersicht

der allgemeinen Jahres-Versammlungen.

I. Periode.

Es fanden noch keine allgemeine Versammlungen statt; die Gesellschaft von Aarau bestand noch allein. Präsidenten derselben waren:

1811 Oberst N. v. Schmiel;

1812 Derselbe;

1813 Rector C. A. Evers.

II. Periode.

Allgemeine Versammlungen in Schinznach. Aarau leitender Ausschuß. — Wo keine besondern Verhandlungsgegenstände angegeben sind, bestanden dieselben aus den Berichtgaben über die Arbeiten des Jahres.

1814 zum ersten Male 24. Mai; zum zweiten Male im gleichen Jahre 27. September. Präsident: Appellationsrath David Frey. Die Bezirksgesellschaften werden in's Leben gerufen.

1815. Da noch militärische Grenzbesetzung stattfand und viele Mitglieder im Dienst abwesend waren, fiel die Frühlingsversammlung aus. 3. October. Wegen Krankheit des Präsidenten D. Frey führt der Vicepräsident H. Zschokke den Vorsitz. Dessen Aufforderung zur Taubstummen-Bildung. Rechenschaft über die Frickthaler Steuer.

1816, 28. Mai. Präs.: D. Frey. Berichterstattung der neu
organisirten Bezirksgesellschaften. Die Herbstversamm-
lung fiel wegen der verspäteten Ernten aus.

1817. Die Frühlingssitzung wegen der allgemeinen Noth nicht
abgehalten. — 10. September. Präs.: H. Zschokke.
Rückblicke auf die Theurungszeit.

1818, 22. September. Präs.: Heinr. Zschokke. Ueber Gründung von Armen-Verpflegungsanstalten.

1819, 21. September. Präs.: Heinr. Zschokke. Zum ersten
Male wurden 36 Jünglinge, meist Söhne der Mitglieder, mitgebracht. Brugg: über Unterricht von Kran-
kenwärterinnen.

1820, 19. September. Präs.: Staatsschreiber Kasthofer.
32 Söhne anwesend. Lehrverein in Aarau.

1821, 25. September. Präs.: Staatsschreiber Kasthofer.
Provisor Fröhlich v. Brugg über „die Sinnesart unserer
Väter in den schönsten Zeiten des Vaterlandes." 26
Söhne anwesend.

1822, 25. September. Präs.: Staatsschreiber Kasthofer. Die
Kadettenkorps von Aarau und Brugg kommen am
gleichen Tage in Schinznach zu einem gemeinschaftlichen
Manoeuvre zusammen.

1823, 30. September. Präs.: Oberamtmann Friedr. Frey von
Aarau. Aufforderung von Pfarrer Schuler zur Griechenhülfe. 13 Söhne anwesend.

1824, 28. September. Präs.: Oberamtmann Frey. Zschokke
für landwirthschaftliche Armenschulen. 22 Söhne anwesend.

1825, 27. September. Präs.: Oberamtmann Frey. Hagels-
versicherungsanstalt. 11 Söhne anwesend.

1826, 26. September. Präs.: Dr. med. Carl Feer. Vorschlag zu einer jährlichen Ausstellung von Kunst- und
Industrieerzeugnissen.

1827, 25. September. Präs.: Dr. Carl Feer. Heimathlosen-
Angelegenheit.

1828, 23. September. Präf.: H. R. Sauerländer. Heimathlosenangelegenheit.

1829, 29. September. Präf.: H. R. Sauerländer. Heimathlosenangelegenheit.

1830, 28. September. Präf.: H. R. Sauerländer. Nochmals Heimathlosenangelegenheit.

III. Periode.

Von 1831 bis 1834 wurden wegen der politischen Wirren keine allgemeinen Sitzungen gehalten. Oefter wechselten von nun an die Bezirksgesellschaften in der Uebernahme des Vorstandes, ebenso die Sitzungsorte.

1835, 26. August in Lenzburg. Leitender Ausschuß Aarau. Präf.: Heinr. Zschokke. Neue Constituirung der Gesellschaft. Gründung der Taubstummenanstalt in Aarau.

1836, 20. September in Schinznach. Leit. Aussch. Aarau. Präf.: Heinr. Zschokke. Ruf zur Erweckung der noch schlafenden Bezirksgesellschaften.

1837, 17. October in Lenzburg. Leit. Aussch. Aarau. Präf.: Heinr. Zschokke. Revision der Gesellschaftsstatuten.

1838, 24. September in Aarau. Präf.: Heinr. Zschokke.

1839, 2. October in Lenzburg. Leit. Aussch. Lenzburg. Präf.: Stadtschreiber Bertschinger.

1840, 29. September in Suhr. Leit. Aussch. Lenzburg. Präf.: Stadtschreiber Bertschinger. Liebesgaben für die Wasserbeschädigten im Gebirg.

1841, 11. October in Brugg. Leit. Aussch. Aarau. Präf.: Heinr. Zschokke.

1842, 18. October in Baden. Leit. Aussch. Aarau. Präf.: Heinr. Zschokke. Das Musikchor der Knaben von Baden begrüßt denselben mit einer Serenade. Die Gesellschaft von Aarau schenkt zur Belebung eines Kadettenkorps daselbst eine Fahne.

1843, 11. October in Aarau. Präf.: Heinr. Zschokke.

1844, 30. October in Baden. Leit. Aussch. Baden. Präf.:

Reg.-Rath. Borsinger. Vorschlag: Hülfsverein für entlassene Sträflinge.

1845, 16. October in Baden. Leit. Ausſch. Baden. Präſ.: Gemeindeammann Hanauer.

1846, 6. October in Hunzenſchwyl. Leit. Ausſch. Aarau. Präſ.: Heinr. Zſchokke.

1847, 22. September in Aarau. Leit. Ausſch. Aarau. Präſ.: Reg.-Rath Lindemann.

1848, 20. September in Hunzenſchwyl. Leit. Ausſch. Kulm. Präſ.: Pfarrer Emil Zſchokke. Gaſtmahlſteuer an die Brandbeſchädigten in Realp.

1849, 3. October in Baden. Leit. Ausſch. Baden. Präſ.: Seminardirector Aug. Keller.

1850, 30. October in Suhr. Leit. Ausſch. Zofingen. Präſ.: Pfarrer Jacob Rahn. Petition an den Großen Rath zur Erhöhung der Lehrerbeſoldungen.

1851, 24. October in Brugg. Leit. Ausſch. Brugg. Präſ.: Dr. med. Urech. Vorſchlag über Zwangsarbeits- anſtalten.

1852, 28. September in Lenzburg. Leit. Ausſch. Lenzburg. Präſ.: Dr. med. Häusler. Verhältniß der geſetzlichen und freiwilligen Armenpflege. Arbeitererſparnißcaſſen.

1853, 1. September in Bremgarten. Leit. Ausſch. Brem- garten. Präſ.: Placid Weiſſenbach. Fünfzigjährige Gedenkfeier der Entſtehung des Kantons Aargau.

1854 u. 1855 fanden keine allgemeinen Sitzungen ſtatt.

1856, 22. October in Aarau. Leit. Ausſch. Aarau. Präſ.: Pfarrer Emil Zſchokke. Verſorgung armer Kinder und Schutzaufſichtsverein für entlaſſene Sträflinge.

1857, 21. October in Zofingen. Leit. Ausſch. Zofingen. Präſ.: Pfarrer Baumann v. Brittnau. Ueber Taub- ſtummenbildung.

1858, 18. October in Muri. Leit. Ausſch. Muri. Präſ.: Alt Reg.-Rath Suter von da. Armenweſen.

1859, 14. November in Rheinfelden. Leit. Ausſch. Rheinfelden. Präſ.: Stadtammann Stäuble von da.
1860, 3. October in Laufenburg. Leit. Ausſch. Laufenburg.
Präſ.: Bezirksamtmann Düclour. Reorganiſation
des Schulweſens. Statuten des Schußaufſichtsvereins.

Gedächtnißtafel

verstorbener Mitglieder der Aargauischen Culturgesellschaft, welche sich um Förderung der Zwecke derselben besonders verdient machten:

Todestag:

1813. 11. Septbr. Vater Joh. Rud. Meyer von Aarau, Senator der helvetischen Republik, Hauptstifter der Kantonsschule.

? Friedrich Heldmann, Dr. phil., aus Franken, von 1807 bis 1817 Professor an der Kantonsschule, später in Bern.

1818. Anselm Hediger, Conventual des Klosters Muri.

1820. 26. Octbr. Jos. Franz Xaver Pur aus Böhmenkirch in Schwaben, Chorherr und Probst am Collegiatstift Rheinfelden. Im Schulwesen sehr thätig.

1823. 6. Jänner. Ernst August Evers von Hannover, Bürger in Aarau, von 1805 — 1817 Rector der Aargauischen Kantonsschule; starb als erster Professor der Ritterakademie in Lüneburg.

„ 27. März. Gottlieb Rudolf Kasthofer von Bern und Aarau, Staatsschreiber.

1824. 27. Octbr. Hieronymus Hünerwadel von Lenzburg, Stadtammann, Mitglied des Großen Rathes, mehrmals Tagsatzungsgesandter.

1827. 4. April. David Frey von Aarau, Appellationsrath.

1828. April. Johann Leonz Mäschli, Pfarrer in Eggenwyl, Ehrenkaplan in Villmergen.

1830. 9. August. Heinrich Schmuziger, Arzt von Aarau.

1831. 23. Novbr. Franz Michael Maria Blunschli von Zug, Custos des Collegiatstiftes Zurzach.

1832. 20. März. Dr. Aloys Ruepp von Sarmenstorf, Mitglied des Großen Rathes und Bezirksschulrathes, Bezirksarzt.

Todestag:

1832. 9. Octbr. Dr. med. Joh. Rudolf Rengger von Brugg, Reisender in Paraguay. (Naturforschende Gesellschaft.)

1833. 6. Novbr. Joh. Rud. Meyer, Professor an der Kantonsschule. (Naturforschende Gesellschaft.)

1834. 11. Febr. F. Frey von Aarau, Oberamtmann, Oberrichter.

1835. 7. Jänner. Dr. med. Ferdinand Stäbli von Brugg, Gründer der KrankenversorgungsAnstalten.

„ 26. Febr. Bernhard Fischer von Brugg, Handelsmann.

„ 14. Decbr. Jakob Nüsperli, Pfarrer in Kirchberg. 1802 Präsident des Aargauischen Erziehungsrathes, Gründer der Baumschule bei Aarau.

„ 23. Decbr. Dr. med. Joh. Albrecht Rengger von Brugg, helvetischer Staatsminister, Regierungsrath. (Naturforschende Gesellschaft.)

1836. 15. Febr. Hans Sommerhalder in Burg, Bez. Kulm, Friedensrichter, Verfertiger von Erd= u. Himmelsgloben.

„ 3. März. Ludwig Rahn, Vorsteher einer Erziehungsanstalt in Aarau, seit 1813 Pfarrer in Windisch.

„ 27. April. Andreas Wanger, Klaßhelfer in Aarau. (Naturforschende Gesellschaft.)

„ 27. April. Wilh. Schinz von Zürich, seit 1806 Pfarrer in Seengen.

1837. 28. Aug. Joseph Fetzer von Rheinfelden, Fürsprech, Gerichtsschreiber, Oberstl., mehrmals Tagsatzungsgesandter.

1838. 1. Decbr. Johann Herosee von Aarau, Amtsstatthalter. (Hülfsgesellschaft in Aarau.)

„ 5. Decbr. Joseph Theodorik Keller, Pfarrer und Chorherr in Baden.

1839. Pfarrer Siegfried in Umiken.

1840. 8. April. Abrah. Müller von Lenzburg, Forstverwalter.

„ 21. Decbr. Joh. Herzog von Effingen, Bürgermeister.

1843. 4. Jänner. Kaplan Döbeli von Sarmenstorf, bei Pestalozzi und Fellenberg gebildet, Gründer einer Erziehungsanstalt in Barcelona, kehrte 1817 in die Schweiz zurück.

Todestag:

1843. 24. März. Dr. theol. Franz Thadd. Hector Wohnlich, Domcapitular u. bischöfl. Official, Propst in Rheinfelden.

„ 4. Novbr. Dominicus Keller von Sarmenstorf, Pfarrer in Zurzach.

1844. 14. Febr. Joseph Ignaz Fischinger, Oberamtmann in Rheinfelden.

„ 21. Decbr. Vincenz Jakob Bueß, Pfarrer in Kulm.

1846. 6. Jänner. Heinrich Anner von Dätwil, Bezirksrichter, Bezirksverwalter von Baden.

1847. 15. Jänner. Joh. Baptist Jehle von Olsberg, Stifts- schaffner daselbst, Abgeordneter des Frickthals an der Consulta in Paris, Präsident des Appellationsgerichts, Präsident des Bezirksgerichts in Rheinfelden.

„ 4. April. Sam. Erismann, Gerichtsschreiber in Kulm.

„ 2. Juni. Heinrich Remigius Sauerländer von Frank- furt a. M., Bürger in Aarau, Buchhändler.

„ Heinr. Weber v. Bremgarten, Schultheiß, helvet. Re- gierungsstatthalter des Kantons Baden, Gesandter an der Consulta in Paris, Regierungsrath, Tagsatzungs- gesandter, Oberamtmann des Bezirks Bremgarten.

1848. 3. April. Abraham Bertschinger v. Lenzburg, Ober- amtmann, Stadtammann.

„ 27. Juni. Heinrich Zschokke, geb. in Magdeburg, Bür- ger in Uerken und Aarau, Forst- u. Bergrath.

„ 28. Juni. Emanuel Fröhlich von Brugg, Provisor, Archivar.

1849. 19. April. Friedrich Hünerwadel von Lenzburg, Chef der Cavallerie, eidg. Oberstl., Mitglied des Gr. Rathes.

„ 7. August. Franz Ludw. Hürner von Aarau, Regie- rungsrath, Oberrichter, (Hülfsgesellschaft Aarau).

„ 5. Novbr. J. J. Fischer von Reinach, Appellationsrichter.

„ Dr. med. Franz Xaver Bock v. Sarmenstorf, Mitglied des Bezirksgerichtes Bremgarten, des Sanitätsrathes, des Großen Rathes, des Appellationsgerichtes.

Todestag:

1850. 5. Juli. Abraham Zimmermann von Oberflachs und Aarau, Handelsgärtner, (Landwirthschaftl. Verein).

„ 12. August. Franz Xaver Bronner von Höchstädt in Bayern, Bürger in Matt, Professor an der Kantons=schule, Archivar u. Bibliothekar, (Naturf. Gesellsch.).

„ 30. Septbr. Joh. Georg Hunziker v. Aarau, Stadt=ammann, Hauptstifter der Gewerbschule.

„ 12. October. Helfer Fisch in Brugg, Verfasser der Brugger Neujahrsblätter.

„ 29. Decbr. Nepomuk v. Schmiel, eidg. Oberst, Re=gierungsrath, Bezirksamtmann.

1851. 2. Jänner. Franz Joseph Brentano von Laufenburg, eidg. Oberst, Großrath, Präsident des Bezirksschul=rathes, Bezirksamtmann, Regierungsrath — war schon 1809 vom Kleinen Rath mit der goldenen Verdienst=Medaille beehrt worden.

„ 21. Juni. Carl Joseph Mäder, Pfarrer in Rohrdorf, Propst am Stifte zu Baden.

„ 2. October. Rudolf Eberhard v. Lenzburg, Inhaber einer mechanischen Werkstätte.

1852. 22. Febr. Dr. med. Fidel Joseph Wieland von Rhein=felden, Regierungsrath, mehrmaliger Tagsatzungsge=sandter in den schwierigsten Zeiten von 1840, 41 u. f. w. Präsident der im Jahre 1851 zu Aarau versammelten schweizerischen gemeinnützigen Gesellschaft.

„ 11. April. Carl Franz v. Hallwyl, Aarg. Oberstl.

„ 11. Novbr. Samuel Jäger v. Brugg, Staatsarchivar in Aarau, Rechnungsrevisor u. Gerichtsschreiber in Brugg.

„ 25. Septbr. Franz Joseph Steigmeyer v. Klingnau, Lehrer an der Bezirksschule in Zurzach, Präsident des Bezirksgerichts.

„ Adolf Müller, Hauptmann, von Zofingen.

1853. 1. October. Christian Lippe aus Braunschweig, 30 Jahre lang Vorsteher d. Erziehungsanstalt auf Schloß Lenzburg.

Todestag:

1853. 28. Decbr. Joh. Jakob Nußbaum, Gerichtspräsident,
Bezirksverwalter in Aarau.

1854. 9. Jänner. Joh. Nikolaus Konrad von Auw, Bezirk
Muri, Pfarrer in Wohlenschwyl, Kammerer des Land-
kapitels Mellingen, Mitglied des kathol. Kirchenrathes
und des Bezirksschulrathes von Baden.

„ 12. Septbr. Joh. Jak. Welti v. Zurzach, Bezirksarzt.

„ 12. Septbr. Ferd. Wydler, Apotheker. (Naturf. Gesellsch.)

„ Melchior Sandmeyer, Lehrer, langjähriger Präsident
der Bezirksgesellschaft Zofingen.

1855. 11. Juni. Carl Herosee, Major, Fabrikant, Mitstifter
der Gewerbschule in Aarau.

„ 19. Juni. Joseph Franz Peterhans v. Fislisbach, Bezirksarzt in Baden.

1856. 5. April. H. Merz v. Menzikon, reform. Pfarrer in Baden.

„ 6. Novbr. Franz Joseph Lützelschwab v. Rheinfelden,
Posthalter. (Landwirthschaftl. Verein.)

1857. 6. Mai. Friedrich August Chatelain von Neuenstadt,
Kaufmann in Aarau.

„ 9. Mai. Dr. Ludwig Berner von Kulm, Bezirksamtmann, Gerichtsschreiber, Regierungsrath, Gerichtspräsident in Kulm.

„ 7. Septbr. Hans Rudolf Hüssi, Fabrikant, auf dem
Strigel (Safenwyl).

„ 15. Novbr. Aloys Vock, kathol. Pfarrer in Aarau, Dom-
decan in Solothurn.

„ Oberst Geißmann in Hägglingen.

„ Rudolf Hüssi v. Safenwyl, Amtsstatthalter v. Zofingen.

„ Novbr. Franz Aerni, Stadtammann v. Aarburg.

1858. 7. Febr. Samuel Fischer v. Reinach, Bezirksverwalter.

„ 30. Mai. Franz Xaver Frey von Zurzach, Fürsprech,
während 20 Jahren Bezirksamtmann.

„ 2. October. Theodor Schmidlin v. Aarau, Amtsstatthalter. (Landwirthschaftl. Verein.)

Todestag:

1859. 19. März. Joseph Aloys Borsinger, Stadtammann in Baden, Regierungsrath, Bezirksamtmann in Baden.

„ 7. April. Peter Adam Kalenbach, Friedensrichter von Rheinfelden.

„ 30. April. Melchior Schuler von Mollis u. Möhnthal, Provisor in Brugg, Pfarrer in Bözberg u. Erlinsbach.

1860. 29. Febr. Gregor Lützelschwab von Kaiser-Augst, Präsident des Obergerichts.

„ 11. Juni. Joh. Jakob Lüscher, 21 Jahre lang Vorsteher der Taubstummenanstalt in Zofingen.

„ 4. October. Joseph Anton Vögelin, Stiftspropst und bischöflicher Official in Rheinfelden, 40 Jahre Schul-Inspector.

Das Gedächtniß der Gerechten bleibe im Segen!